南溟海运耸危楼：大鹏所城

张一兵　著

海天出版社
HAITIAN PUBLISHING HOUSE

·深圳·

图书在版编目（CIP）数据

南溟海运耸危楼：大鹏所城 / 张一兵著. — 深圳：
海天出版社，2020.8
　（深圳地标）
　ISBN 978-7-5507-2934-6

　Ⅰ. ①南… Ⅱ. ①张… Ⅲ. ①关隘—介绍—深圳
Ⅳ. ①K928.77

中国版本图书馆CIP数据核字(2020)第105373号

南溟海运耸危楼： 大鹏所城

NANMING HAIYUN SONG WEILOU:DAPENG SUOCHENG

出 品 人	聂雄前
策划编辑	韩海彬
责任编辑	韩海彬
	南　芳
责任技编	梁立新
装帧设计	Ｓ 斯迈德设计 0755-8314 4228

出版发行　海天出版社
地　　址　深圳市彩田南路海天综合大厦（518033）
网　　址　www.htph.com.cn
订购电话　0755-83460239（邮购、团购）
排版制作　深圳市斯迈德设计企划有限公司（0755-83144228）
印　　刷　深圳市希望印务有限公司
开　　本　787毫米×1092毫米　1/32开
印　　张　4.5
字　　数　70千
版　　次　2020年8月第1版
印　　次　2020年8月第1次
定　　价　38.00元

编委会

主　　任　　杨立勋　尹昌龙

执行主编　　聂雄前　于志斌

引 言

　　深圳不仅是一个浓缩了中国改革开放 40 年成就的窗口城市，也是一座拥有近 7000 年的人类开发史、1700 多年的城市史、600 多年的海防史、300 多年的客家人移民史的古老城市。

　　深圳又称"鹏城"。一是因为下辖地有"大鹏守御千户所城"，简称"大鹏所城"。"大鹏所城"之名来源于"大步海"，出于元朝大德年间的《南海志》。"大步海"之名则来源于"大埠"，出于唐朝的"媚川都"，见于清朝徐松辑《宋会要辑稿》。"媚川都"是当时最主要的珍珠产地，今香港的大埔即因其所属珠池码头得名，元朝以前称"大埠"，元朝以后称"大步"。明初朝廷在"大步海"东岸的地方建设"大鹏守御千户所城"，该处无论地名、山名、水名、村名，此前皆无"大鹏"之名，而只有"大步海"之名。在大步海岸边建设大鹏守御千户所城，不

大鹏所城

用"大步"之名，而名之曰"大鹏"，表面上看是引用《庄子·逍遥游》，实因当地方言"大步""大鹏"同音，是有学问的执事者对"俗称"的"雅化"。

二是因为深圳拥有"大鹏所城"这一明清重要军事要塞，而且深圳和"九龙寨城"在清末统归海防军事建制单位"大鹏协"管辖。取"鹏城"二字，祈愿城池固若金汤，坚不可摧。深入检索深圳的当代文献，可以见到，深圳被称为"鹏城"，是从改革开放后才开始的。当时的深圳，无论是经济发展还是城市建设，都取得了举世瞩目的成就，人们将深圳称为"鹏城"，寓意深圳似展翅高飞的大鹏，搏击风云，翱翔长空，勇往直前。在媒体铺天盖地的宣传下，作为深圳别称的"鹏城"，逐渐为人所知。有人说深圳东部的大鹏半岛版图就像一只大鹏鸟，希望深圳能够"大鹏展翅，搏击长空"，对深圳寄予了殷殷期盼和美好祝福。

　　大鹏所城是中国海防军事要塞，在明清两朝抵御外敌、守卫中国南部海岸线中起了重要的作用，被誉为"省会门户"。大鹏所城保存了明清中国南部海防军事城堡的整体格局与风貌，具有重要的文物价值和科学艺术价值。大鹏所城是中国东部和南部大陆18000多公里海岸线上保存最为完好的明清海防遗存之一，堪称中国明清海防卫所的"标本"。2001年6月，大鹏所城被国务院列为全国重点文物保护单位。

目　录

第一章　先民遗迹——所城前史　　　　　　　　　001

第二章　风雨沧桑六百年　　　　　　　　　　　013

第三章　沿海所城大鹏为最——中国南部的海防要塞　029

第四章　武功家世久相传——赖氏三代五将　　044

第五章　赖恩爵与九龙海战　　　　　　　　　056

第六章　振威将军刘起龙　　　　　　　　　　068

第七章　大鹏所城与鸦片战争　　　　　　　　075

第八章　大鹏所城文物古迹　　　　　　　　　088

后　记　　　　　　　　　　　　　　　　　　130

第一章　先民遗迹——所城前史

一、大鹏地区历史沿革

大鹏地区人文历史悠久，位于大鹏湾畔的咸头岭遗址，是新石器时代中期的文化遗存，距今已有近7000年的历史，是深圳地区至今发现的年代最为悠久的文化遗址。咸头岭遗址是一处典型的沙丘遗址，说明当时的大鹏海湾沙堤，前可渔、后可猎、旁可耕，适合人类生存。咸头岭遗址于1981年被发现后，考古队历经五次发掘，在2000多平方米的遗址上，发掘出了珍贵的陶器、石器，多有绳纹、篮纹、编织纹、几何纹饰，为探寻珠三角地区的古文化之源提供了重要的线索。

夏、商时期，百越部族远征海洋。居住和繁衍在大鹏沿海沙丘谷地区域的百姓，是百越部族的分支——"南越部落"。他们以捕鱼、航海为生，很少农垦。春秋战国时期，这里先后是越国、楚国属地。

秦始皇统一中原后，挥兵南征百越，于秦始皇三十三年（前214）在岭南设置了南海、桂林、象郡三个郡，派出五十多万人进行开发，大鹏时属南海郡番禺县。

在纳入秦朝的行政管理以后，岭南领土上的南海郡迅速构建了军事体系。秦朝在岭南投入了大量的人力物力，从水、陆两方面增强了南海郡的防御能力，这是岭南历史上有系统的军事防御体系的首次构建。经过建城、筑关、修道、徙民等一系列的积极经营建设，岭南从以往越族部落各自为政、互不统属的状态，转变为一个接受中央王朝管理和节度调遣的区域。濒临南海的南海郡由此构建起多层次的军事防御体系，从而初步奠定了广东海防建设的基础。

秦末，在中原群雄反抗浪潮迭起而政权风雨飘摇之时，南海郡尉赵佗建立了南越国，割据岭南自立为王，大鹏属南越辖地。南越国的建立，是广东历史上的一件大事。在秦失其政、天下大乱、生灵涂炭之际，南越国划岭而守，阻止了中原战火向岭南地区的蔓延，保障了岭南开发事业的继续发展，为境内的生产和建设提供了比较安定的环境。从军事的角度看，赵佗建立的南越国也进一步深化和巩固了岭南地区的防御体系和军事力量。

刘邦战胜项羽，建立了西汉王朝。公元前196年，刘邦派陆贾出使南越，赵佗接受汉朝册封，南越国变为汉朝的附属国。汉武帝即位后，平定南越，将南越的领土分为九个郡，大鹏仍属南海郡番禺县。从汉朝大治水军以备战南越国的情形来看，当时汉朝和南越的水军均已有相当的规模和实力。在岭南重新回归中央王朝以后，汉朝通过岭南地区，与广阔的海洋世界进行更加频繁和紧密的接触与交流，积极派遣船队，加强发展海外交通和南海贸易，是闻名于世的海上丝绸之路的重要发展时期。东汉时，大鹏仍归番禺县管辖。

东晋成帝咸和六年（331），立东官郡，辖六县，大鹏属东晋新设的宝安县管辖。其中，宝安县的行政称谓一直延续到唐朝初年。中唐时期，朝廷撤宝安县，把宝安县迁往东莞，宝安县也随之改为东莞县，大鹏则隶属广州府东莞县。隋唐时期，中国历史出现了大一统局面，岭南地区与全国其他地区一样，社会经济得到了快速发展，为了维护沿海地区的社会秩序，防止海盗的袭扰，进行海外远征，隋唐五代广东地方政府加强了海军和海防力量的建设，广东的海防体系得以最终形成。

宋、元承旧制。宋朝时期，广东的水军在唐朝的基础上进一步得到加强，宋朝广东地方政府还加强了对南海海域及附近岛屿的巡查与管辖。元朝广东港海外贸易继续发展，促进了市舶制度的完善。元朝继续在南海地区开展大规模巡航活动，在宋朝的基础上，广东军政部门继续在南海诸岛及其附近海域行使有效防卫和管辖。

明清时期，广东沿海与东南沿海一样，饱受倭寇、海盗侵扰之苦，朝廷陆续在沿海构建卫所、炮台等防御设施，并不断增加兵力。明洪武二十七年（1394）设立的防御性"卫所"组织——大鹏守御千户所及东莞守御千户所，为打击倭寇、海盗发挥了极其重要的作用。明朝为深圳的建制历史翻开了新的一页，明万历元年（1573）重新建县，县名为"新安"，取"革故鼎新，去危为安"之意。新安县范围主要包括深圳市的大部分地区和香港全境，以及东莞的小部分地区。大鹏归新安县管辖，大鹏所城的海防力量得到加强。

清朝为了切断郑成功海上武装的供应来源，顺治十三年（1656）颁布《禁海令》，严禁出海贸易。新安县知县傅尔植奏请将"大鹏守御千户所"改设为"大鹏所防守营"，并设守备1员，把总1员，官兵500名。康熙五年（1666）裁撤新安县，将其辖地并入东莞县。康熙七年（1668），并大鹏所防守营入惠州协，归惠州协副将管辖。时该营官兵凡400名。康熙八年（1669），复置新安县，复界后，大鹏地区仍归新安县管辖，并在大鹏设县丞署。康熙四十三年（1704），清朝廷为增加沿海防卫，改"大鹏所防守营"为"大鹏水师营"，并增添游击1员，中军守备1员，额设左右哨千总2员，左右哨把总4员，外委7员，兵931名。嘉庆十五年（1810），水陆区分，广东增设水师提督，驻虎门，设五营，左营驻新安县城，大鹏则另为外海水师营，设参将1员，中军守备1员，额设左右哨千总2员，左右哨把总4员，外委千把总7员，俱驻大鹏所，归虎门水师提督管辖，兵额800名。

　　道光二十年（1840），鸦片走私盛行，大鹏所城的战略地位显著，林则徐奏请将"大鹏营"改为"大鹏协"，并添拨兵船，统帅左右两营，增加驻防军事力量。鸦片战争期间，大鹏所城官兵在协助查禁鸦片中起了重大作用。1839年9月4日，大鹏营参将赖恩爵指挥九龙海战，打响了鸦片战争也是中国近代史上反侵略战争的第一炮。道光二十六年（1846），清朝廷为增强防御，遂建造九龙寨城。工程竣工后，大鹏协副将移驻城内衙门，仍管辖左右两营，水师副将驻九龙寨城，归水师提督统辖。

民国三年（1914），为免与河南省新安县重名，复用旧名宝安县，县治设于南头城，大鹏仍属宝安县管辖。

中华人民共和国成立后，仍沿用宝安旧名，县治仍设于南头城。1992年，宝安县撤县并入深圳市，设立宝安、龙岗二区。大鹏地区属龙岗区所辖。2011年，深圳市大鹏新区成立。

二、大鹏所城建城

中国自古为濒海大国，然而自然地理上的优越条件并不一定就必然产生对经略海洋的强烈需求和对控制海洋的深切思考。在古代中国，尤其不利于海权意识形成的重要原因在于，农耕文明始终占据绝对统治地位，海洋文明的生存发展空间被极大地压缩。历朝历代统治者制定的海疆政策，多严格抑制沿海地区民

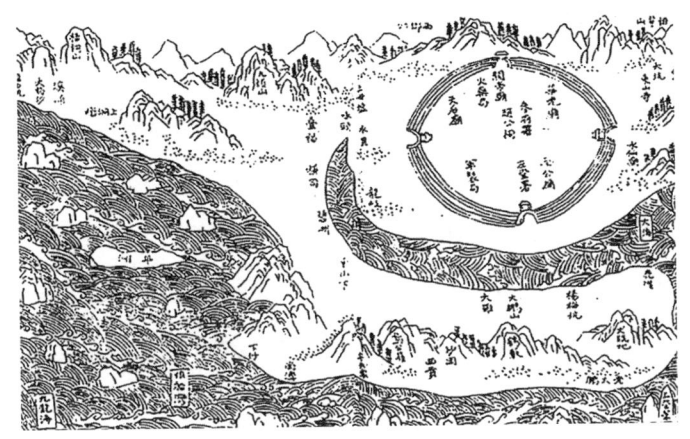

《新安县志》大鹏所城平面图

众开发海洋的正常需求，限制甚至打击处于国家体制之外的民间海上力量，造成中国海上力量的大幅度萎缩。所以当西方海上列强大举东来之际，明、清政府无力与之海上交锋，往往退据海口进行防御作战。

明朝初年，倭寇对中国沿海地区的侵扰日趋严重，海盗对沿海地区社会稳定也产生了严重威胁，明朝前期、中期有效地进行了海上防御。明太祖朱元璋在沿海地区设立卫所、监造战船、训练水军，建立了中国有史以来第一个较为完善的海防体系。明太祖朱元璋以武功定天下，在推翻元朝统治、统一中原的战争中，逐渐形成了一套在中央以五军都督府为统帅，地方以都司、卫所为基础的军事制度。

卫所是明朝军队在战争过程中仿效唐朝府兵制建立起来的军队基层组织。卫所士兵采用的是世袭制度，一旦成为军人，便不能轻易更改，世代为军，称为"军户"，家属随军定居，军人死后由其家人后代顶替入伍。这种制度是与当时的卫所屯田制度结合在一起的。朱元璋为了解决军粮问题，全面推行卫所军队屯田，军籍和屯田制度，使兵源和军粮得到较大的保证。由于明朝建立经历了十几年的战乱，国家元气受到极大伤害，需要休养生息，朱元璋确立了明朝的国防战略基本以防御为主。在海防方面，朱元璋认为"四方诸夷，皆限山隔海，僻在一隅；得其地不足以供给，得其民不足以使令。若其自不揣量，来扰我边，则彼为不祥。彼既不为中国患，而我兴兵轻伐，亦不祥也。吾恐后世子孙，倚中国富强，贪一时战功，无故兴兵，致伤人命，切记不可"，开列了不予征伐的海外诸国。之后的明朝政权，基本上延续了朱元璋这种睦邻自固的海防策略。

14 世纪以来，在日本内部斗争中失败的一部分武士、浪人甚至商人组成海盗集团来到中国沿海地区进行武装走私甚至侵扰、劫掠，历史上称为"倭寇"，是明朝中国海防的重要对象。明朝建立后，朱元璋将日本列为不征之国，多次试图与日本建立友好关系，以便通过外交途径促使日本政府禁止倭寇侵扰，均告失败，于是彻底断绝与日本的关系，加强海防和海禁。海防的另一个重要对象是海盗、海贼。既有逃遁海洋的张士诚、方国珍余部，不时骚扰沿海民众，也有后来内地盗贼、逃犯等入海为盗。海盗、海贼往往与倭寇勾结一起进犯，使海防形势更加艰难。

洪武元年（1368），朱元璋称帝，建立了明朝，两广地区寇患不断，命汤和提督海运，廖永忠为征南将军，朱亮祖副之，由海道取广东。廖军至福建，致书已统一岭南的元左丞东莞人（时深圳属东莞）何真，要其以大局为重，保民归顺。何真审时度势，义归大明。朱元璋兵不血刃就顺利地收复了岭南地区。

明朝卫所制度在洪武七年（1374）就已基本完善定型了，但广东地区却是在此后才陆续建起卫所的防御体系的。洪武十年（1377），明朝廷在东莞县设立了南海卫，下辖前、后、左、中、右五个千户所。洪武十四年（1381），明朝廷乃有设置"东莞""大鹏"两个千户所之议。洪武十六年（1383），东莞县笋岗一带（即今深圳市罗湖区中北部地区）的大批农民起义反抗官府，广东都指挥同知花茂率领官军围剿，才把事件平息下去。由于东莞县东部地区的社会治安每况愈下，其他地方设置卫所后，这一地区更成了盗匪和倭寇的藏身之处。

洪武十七年（1384），花茂上奏朝廷，要求在广东沿海增设24处卫所，其中就包括大鹏守御千户所（今大鹏古城）和东莞守御千户所（今南头古城），隶属南海卫。洪武二十七年（1394），两所同时开筑。花茂建议在大鹏岭之麓建大鹏守御千户所城。当时大鹏半岛地处偏远，非常荒凉和闭塞，交通不便。旧时从南头乌石渡至大鹏下沙，要两日海程，若无船可渡，高山峻岭、大小梅沙尖、九顿岭等处车马难行，就算无大风大雨，也要十天八天路程，若遇恶劣天气，行期就更无法估计了。故大鹏所城有"沿海所城，大鹏为最"之说。

广州左卫千户张斌被派到大鹏修筑所城，他历尽艰辛赶到大鹏半岛，勘察地形，初选址在大鹏半岛最南端西涌的东北部。建了八十多米城墙后停建，改在大鹏半岛东侧大亚湾畔筑城，至今西涌还因此被称为"南门头""城篱头""老大鹏"或"旧大鹏"。为什么要改址？当地人至今仍盛传这样一个故事：筑城士兵在建城的夜晚惊闻黄猄的叫声，认为"黄猄黄猄，皇帝都惊"，不吉利，于是改址兴建。也有人认为是因为西涌地理位置太过于偏远，交通不便，人力、财力无法到达，因而罢建。

大鹏所城改址兴建其实是大鹏半岛的地理位置决定的。大鹏半岛，中部有一很窄的部分称"水头"，是大鹏半岛的"脖颈"，若大鹏所城建在西涌，一旦有敌人从海上登陆先行占领这个"脖颈"部分，大鹏所城后路将被切断，而城也将成为一座死城。而后来兴建的大鹏所城，"其南面有七娘山，山外为老大鹏，即滨大海所城东南有海口，大舶可入"，依山傍海，地势险要，前有龙岐海澳可泊战船，出海平寇，城所依排牙山后即为惠州大后方，可谓进可攻，退可守。

明中叶后，由于倭寇活动的猖獗以及葡萄牙人的入侵，大鹏所城的军事地位渐显重要。隆庆、万历年间，在抗御海贼和倭寇的战斗中，大鹏所城起到了抵御、牵制敌人和增援邻近海防的作用。在沿海地区的这些防御设施中，卫所城池作为军事建筑，体现了建筑的防御功能。兴建于 14 世纪的大鹏所城，在广东沿海地区抗倭战争中扮演了极其重要的角色，大大加强了明朝以及后来深港地区的海防力量。从此，闭塞的深港地区不再是强盗、倭寇的藏身之地，而是我国东南沿海防倭抗盗、抵御侵略的军事要塞之一。大鹏所城的建成，也使原本十分落后的深港地区得到开发，经济有所发展。明朝的岭南除了广州等一些主要城市经济比较发达外，大多地方仍然山高水恶，人烟稀少，还处于"刀耕火种"的落后生产方式状态下，是名副其实的"蛮荒之地"。建立这样一所屯守结合的大鹏所城，有利于人口的引进与先进的生产技术和生产方式以及较为先进的中原文化的传播，促进了深港地区的开发与文明的发展。①

---

① 林易蓉，《试析深圳大鹏所城及其文物保护》，发表于2009 年《岭南考古研究 8》。

第二章　风雨沧桑六百年

一、明朝时期的大鹏所城

明朝建立之初，沿海一带就不断受到倭寇的侵扰，朝廷面临历代都没有经历过的外敌从海上入侵的形势，这使得朱元璋不得不从军事、经济、外交等各个方面入手加强沿海戒备。当时对倭寇来说有两个有利的入侵条件：一是在元末的统一战争中，被朱元璋打败的张士诚、方国珍残余势力逃遁海洋，与倭寇相勾结；二是明朝刚刚建立，沿海还没有设防。但上述两个条件都不是明朝倭寇发生的根本原因。倭寇发生的根本原因在于日本的内部。此时，日本正值南北朝时期，处于分裂动荡的时代，为了获得财富和争战资本，封建贵族和寺院地主纵容失意的政客、武士、商人和浪人组成海盗集团，向外掠夺。故明朝建国伊始，倭寇就开始入侵。据《明史·张赫传》记载：

"洪武元年，……倭寇出没海岛中，乘间辄傅岸剽掠，沿海居民患苦之。"洪武二年（1369），倭寇侵扰惠州、潮州等地，当时，朱元璋基于"和睦友好"的外交政策，诏谕日本国王，诘责入侵之事，但日本方面对此置之不理。虽然明朝廷多次与日本使者交涉，但最终谈判破裂，倭寇对沿海的骚扰也有增无减，随之而来的是明朝海禁政策的不断加强。海禁政策的实行，致使商人海外贸易受到严厉限制，东南沿海的一些商贩与倭寇相互勾结，共同走私、抢掠分赃，倭患越演越烈。

明朝初年，平章廖永忠、参政朱亮祖率部平定广东后，开始在广东境内设立"卫""所"。旧时，大鹏半岛处于广州府与惠州府的交界地，地势复杂，人迹罕至，是军事上的空白地带，也是倭寇与海盗的理想巢穴。明朝洪武年间在沿海设置卫所，深圳地区因尚未设置，倭寇便日益猖獗。洪武二十七年（1394），明政府在广东增设24处守御千户所，其中深圳地区有东莞守御千户所和大鹏守御千户所两处，使广东及珠江沿岸的海防和社会治安有了进一步的保障。

在中国古代，城池的建造是政区治所发展到一定程度的标志。所建的城池一般兼具政治和军事双重功能，但大鹏所城及沿海地区其他所城的建置并不如此。所城建好之后，来自天南地北的数千名兵士聚居在城内，兵士亦军亦农，或从家乡带来眷属，或娶当地女子为妻，城内人口逐渐增多，军士及其家属构成了所城的主体，成为所城存在与发展的重要组成部分。随后所城内陆续建起了协台衙门、县丞署、参将署、都府署、军装局、大鹏所屯仓等官方机构，驱使所城慢慢成为这一区域的政治中心，城内的这些机构也就成了政治权力的体现。

大鹏地区在所城建置以前，主要是作为军事布防区，其经济的发展并没有得到重视，又加上所处之地环境恶劣，交通闭塞，所以，生产力极度低下。然而，随着卫所的设置，来自不同地区的兵士及家属带来了先进的生产技术、生产方式，使原本十分落后的地区得到了开发，大大促进了当地经济的发展。而城内商业，随着经济的恢复和人口的增多，亦得以复苏。酒馆、店铺、商铺多所，说明当时的大鹏所城相当繁华，已成为当地的经济中心。

正德年间，除了倭寇、海盗外，明朝的统治者还面临着另一股海上的外来势力，即以葡萄牙人为首的西方殖民者。广东首当其冲。正德十一年（1516），广州巡海道副使汪铉率大鹏所城、东莞所城官兵抗击葡萄牙殖民者。正德十六年（1521）和嘉靖元年（1522）先后发生了屯门战役和西草湾战役，明朝军队击败了入侵者，将其驱逐出境。为了防止商民"勾引外夷"为害地方，正德九年（1514）、十五年（1520）和嘉靖初年朝廷数次下令严禁广东通番贸易，造成了广东海上贸易的停顿。严禁与外番民间通商，对向来依赖海外贸易的沿海地区的经济是重大打击，产生了严重的社会后果，其中之一就是海盗更加猖獗。

嘉靖三十年（1551），东莞南头海盗何亚八纠合西洋海盗攻掠东莞沿海，在广东外海及沿海乡村肆行劫掠、杀戮。此时，李茂材由大鹏守御千户所千户升任南海卫指挥使，但仍监管原来所在的大鹏守御千户所，跟从广东提刑按察司副使汪柏，指挥王沛、黑孟阳等前往捕剿，擒获何亚八等首领，斩除 146 人，溺水烧死不计其数，其余海盗四散逃走。嘉靖四十三年（1564），潮州柘林海兵因军饷不足而叛变，围攻广州，打败总兵汤克宽，大肆杀掠。提督侍郎吴桂芳一面装着要招抚他们，一面暗中命总兵汤克宽等率军由忠阳赶往公洲，自里海去，内外合击，擒拿叛兵 5600

余人。余党盘踞在大舰上顽抗，李茂材又设计布局攻破叛兵，生擒400余人，平定了叛乱。嘉靖四十四年（1565），明朝政府将南头"参将署"改为"南头寨"。下设参将1员、哨官5员、队兵330员，并且分拨出一哨人马约60人防守大鹏守御千户所，每半年更换一次。至此，南头寨的军制逐渐取代卫所制，而东莞、大鹏二所渐渐名存实亡。

明朝中后期，政治腐败，战争频繁，土地兼并严重，使得本以屯田为生的卫所军士无计为生，被迫竞相逃亡。所城士兵数量不断减少，又皆老羸衰疾，于是倭寇频繁侵扰所城，隆庆五年（1571），乘虚而入进攻大鹏守御千户所，围困所城。据清康熙《新安县志·防省志·寇盗》记载，时康公子（康寿柏）"呼众坚守，有登城者，手刃之，即碎其梯，围乃解……"。康寿柏出身军府，任大鹏营副千户，就"舍人"官职，其孙康仕杰袭升大鹏营千户，武艺高超，又懂带兵作战。这期间，在康寿柏的号召和指挥下，军民齐出动，奋勇抵抗倭寇的攻城。倭寇强攻不进，便采取围城之法，把大鹏所城团团围住，历时40余天。倭寇用云梯攻城，康寿柏指挥民众持大刀砍杀登城倭人，砍断云梯，才击退倭寇。康寿柏抗敌守城的事迹，受到当道嘉奖，旌表其门。所谓"舍人"，按明朝官制，是指挥使正夫人所生次子所得赏赐的官职，全称"勋卫散骑舍人"。明末，"舍人"已成为没有实权的虚衔。这个时期，大鹏所城的少量军队由非正规的军官"舍人"作统帅，也是卫所制衰败的表现之一。

在长达200多年的统治中，明朝海防有效地抗击了倭寇的长期侵扰。由于政治、经济因素，广东海盗猖獗，广东沿海卫所及水寨的设置不失为有效之举。由于沿海长期与倭寇、海盗作战，明朝的水军维持了较高的战斗水平。到了明末，虽然海防的削弱相当严重，但并没有达到废弛的地步，面对海上新的对手——西方殖民者的威胁，广东当局及地方民众奋力抗击，遏制了葡萄牙、西班牙、荷兰、英国的侵略野心，表明明朝水军仍然拥有抗击外敌入侵的防范能力。在抗御海盗和倭寇的战斗中，大鹏所城起到了抵御、牵制敌人和增援邻近地区海防的重要作用。

二、明末清初的大鹏所城

明朝末年，政治腐败，民族矛盾尖锐，最终爆发农民起义。清顺治元年（明朝崇祯十七年，1644），清王朝定都北京，但是对全中国的统治尚未完成，农民起义军余部与数个南明政权在南方不断发起反清斗争，尤其以郑成功为首的反清力量最为强大。顺治三年（1646），南逃的明朝官员又几乎同时在广东境内建立了两个南明小朝廷，一个是广州的绍武政权，一个是肇庆的永历政权，广东各处抗清活动一时风起云涌。

顺治四年（1647），大鹏半岛的反清武装在首领李万荣①率领下，攻破大鹏所城，四出侵扰当时新安县地方统治的大本营，一度给清朝廷带来不小的麻烦。顺治十一年（1654）十二月，南明总兵林察率船只四百余艘、士卒三万余众进抵平海所（今惠东县平海），派军沿海各处征输军粮，李万荣在大鹏所城不

---

① 李万荣，明末清初惠州淡水人，原为绿林豪客，早年曾追随南明抗清名将、"岭南三忠"之一的张家玉起兵抗清。张家玉死后，李万荣率部在东莞、新安一带游击劫掠。清康熙《新安县志》称其"通县乡村房屋，焚毁过半，杀掳男妇数万"。

仅以猪、酒犒劳南明军队，还为南明军队提供后勤补给。据康熙《新安县志》记载，李万荣率部占据大鹏所城长达十年，此间新安县虽发兵清剿，但水战方面不敌李万荣，加之大鹏所城易守难攻的地利之便，直到顺治十三年（1656），才由清军总兵黄应杰率军在大鹏山（今大鹏半岛七娘山）将李万荣围困，双方对峙数月，李万荣投降。至此，大鹏所城才重新归于朝廷管辖，深圳地区的抗清斗争也基本结束。同年（1656）新安县知县傅尔植奏请改设大鹏所防守营，官兵由三百名增至五百名。

康熙元年（1662），为打击郑成功势力，新安县实施迁海政策。《迁海令》颁布后，清朝廷在离海岸线大约五十里的地方选择基准点，插上旗帜，在各旗之间用绳子拉出一条直线，并修筑壁垒，严令直线靠海一侧居住的官兵、居民内迁，直线外所有房屋建筑焚毁铲平。按照这些地界标，新安县三分之二的土地和人口都被强制放弃，超过期限而未迁移的居民被就地正法。康熙二年（1663），严酷的迁海政策对沿海的治安、海防等并没有产生预期的效果，郑成功与海盗的势力反而有越来越强的趋势。然而，清朝统治者却认为迁海的力度不够，于是再派大员考察边海，并计划第二次迁海，再向内迁移三十里。而新安县原来已迁去了接近三分之二，只将县城和少量土地保留下来未迁，若再内迁三十里，不仅县城保留不住，县内的土地也要划到边界之外。于是，勘察海疆的大臣联名上疏，要求只迁东路和西路的 24 个乡，并于康熙三年（1664）再内迁。两次迁海将新安县境内大半地区的居民迁移他乡，据清杜臻《粤闽巡视纪略》记载，新安县西起三角山（即当时新安县与东莞县交界处，在今深圳市宝安区西乡街道铁岗水库区内），东到大鹏所城均为迁海的边界。新安县被划到界外的土地占十之八九，即几乎今深圳市全境，加上香港地区全境，都在被迁之列。居民被赶入界内后，失去了经济来源，丧失了返回家园的希望，新安人民流离失所，县治名存实亡。多年迁界使新安县受害不小，从南澳、大鹏、葵涌、香港和香港离岛到南头、西乡、沙井、松岗的海岸线，全县人口被迁三分之二。至康熙三年（1664）二次迁海后，迁地范围内人丁由原来 6851 人减至 2172 人，田地、海滩、湖塘由原来的 4039 多顷减至 1013 顷。

不仅如此，迁海带来的巨大灾难，激起了沿海居民的奋起反抗。康熙二年（1663）疍民周玉、李荣率先起事，统领疍民烧毁清军营汛、兵船，并得到沿海群众的响应和支持，震动一方。康熙三年（1664）四月，周玉、李荣的起义军转移到大鹏所城附近海面活动，被广东水师总兵张国勋部包围，周玉战死，李荣只身逃脱。而水师总兵张国勋因在大鹏湾海面击败周玉、李荣的疍民起义军，便就地留驻。这一时期，新安县的东莞所城和大鹏所城因为迁海政策的实施，都成了单纯的军事据点。

清朝廷内部对迁海政策一直有反对的声音。康熙四年（1665），开国勋臣、福建总督李率泰，上《遗疏》恳请展界。朝廷要员的《遗疏》等于以死相劝的"尸谏"，加之李率泰属汉军正蓝旗，所以引起康熙皇帝重视，要求广东督抚官员调查李率泰陈述的种种问题。康熙七年（1668），广东巡抚王来任离任前上《展界复乡疏》，以劝请朝廷展界，让迁民回乡复业。他直言粤迁界之事，数百万迁民流离失所，政府每年抛弃地丁粮银 30 余万两，又置重兵，驱使未迁之民筑墩台，竖椿栅，乃劳民伤财之策。终于促使康熙皇帝开始认真反省迁海的错误行动，并很快派出官员勘察将要扩展的边界。

康熙七年（1668），平南王尚可喜与两广总督周有德、都统、特进户部侍郎到原新安县境内勘察要展扩的边界，迁民夹道欢迎。见到迁民流离颠沛，周有德于同年十月上疏，请求即时扩展边界让百姓复业，然后再布置海防，很快获得康熙皇帝批准。[①]康熙八年（1669），新安县在沿海各县中率先展界，但此时仍不许渔船出海。台湾郑成功之孙郑克塽投降之后的康熙二十二年（1683），全部迁海地区才展界及解除海禁。展界后，新安县的海防空前加强，在险要处修筑了一系列炮台、铳台、塘房和营盘排栅等军事设施。

明末清初，卫所正式裁撤，南头寨改为新安营，大鹏守御千户所城改为大鹏所防守营。大鹏所防守营是在以前大鹏守御千户所城的基础上建立起来的，战略地位显著，素有广东中路"西则香山，东则大鹏，形成两翼"的美称，设置有县丞署、参将署、守备署、军装局、火药局、大鹏所屯仓等机构。为了加强沿海地区的防卫，大鹏所防守营于康熙年间改为大鹏水师营，增设游击、中军守备、左哨千总和右哨千总各1名，左哨把总和右哨把总各2名，外委7名，兵力增加到800人。康熙、雍正年间，朝廷又在大鹏所

① 曾祥委，《宝安地区清初的迁海与复界》，发表于《民族研究》。

防守营附近修建佛堂门炮台和大屿山炮台，又于大屿山建立东涌寨城和石狮炮台。后因联防和补给困难，佛堂门炮台迁到了九龙寨海旁，称九龙炮台。于是，大鹏所防守营管辖九龙汛、大屿山汛、盐田汛、上峒塘汛、关湖塘汛、下沙塘汛、老大鹏汛、红香炉汛和东涌口汛，以及大屿山炮台、沱泞炮台和九龙炮台。

三、清朝中后期的大鹏所城

康熙中期至鸦片战争之前（1684—1839），清朝的统治地位已经巩固，海防面临的形势是：海上已经没有强大的反清力量，西方列强尚未从海上用武力侵略中国，海防的任务主要是"保商靖盗"。这个时期，西方列强正在积极发展近代化的海军，并且已经开始东来，威胁中国的海防安全。但是朝廷没有认识到这种严峻的形势，海防建设方向与这种新形势恰好相反，没有以防御西方海洋强国入侵为主要任务而调整海防战略，建设近代化海军，而是继续以"靖盗"为任务，战船越改越小，甚至不如明朝和统一台湾以前。消极整顿水师，给后来的海防带来不良后果，造成后来的海战被动局面。

乾隆年间，清朝处于鼎盛时期，基本没有外敌入侵，海防问题不突出，故乾隆留下的圣旨中关于海防的信息比较少，大鹏所城的职官、兵制仍沿用顺治四年（1647）所设体例，没有变动。嘉庆时期已经开始考虑加强水师建设，并在沿海地区全面设防。其海上力量包括八旗、绿营等陆军和水师的综合武装力量，防御部署包括守海口和防御于海上的纵深部署。嘉庆十五年（1810），广东增设水师提督，驻虎门，设五营，新安县城为左营，大鹏则另为外海水师营，所城即水师营驻地，主将设参将1员，中军守备1员，兵员800名，俱归水师提督管辖。但其海洋观和海防指导思想严重错误，致使围绕着缉捕海盗为中心的海防建设越来越不适应世界海军的发展趋势，最终使水师逐步成为维护沿海治安的力量。

清朝后期，中国在政治、经济、军事、科技等领域都处于落后状态，各种矛盾不断激化，社会动荡不安。鸦片战争时期是中国封建社会走向衰落的过渡时期，这个时期的重要历史问题之一就是西方列强从海上打破了中国的大门，从此开始，海防任务便由打击海上反清力量和海盗，转变为防御外国势力的海上入侵。来自海上的威胁成为影响中国国家生存安全的主要威胁，海防问题成为关系国家存亡的战略问题。

英、法、俄、日、美、德、意等欧亚列强一次又一次
地从海上发动侵略中国的战争。这些战争给中国带来
了巨大的灾难，客观上也促使中国把海防提高到战略
高度，重新思索海防建设，制定海防政策。

道光十九年（1839）爆发的九龙海战及其后的
穿鼻之战、官涌之战中，以赖恩爵为代表的爱国将
领指挥水陆官兵多次打败英国殖民者的挑衅。道光
二十年（1840）鸦片走私盛行及英人威胁日甚，林则
徐奏请道光皇帝将大鹏营提升为协，增设副将 1 员，
移驻九龙。道光二十二年（1842），香港岛被割让英
国后，大鹏协的地位显得更为重要。清朝廷遂于道光
二十六年（1846）商定建造九龙寨城。清政府批准两
广总督耆英的奏报，经过实地踏勘，决定在白鹤山南
麓的一片荒地上建九龙寨城。九龙寨城的前身为九龙
炮台，其修建也精心考察了选址。当时为了阻止英军
入侵九龙，"查九龙山地方，在急水门之外，与香港
对峙，海面逼近，势居上游。香港偶有动静，九龙山
声息相通，……今于该处添建寨城，用石砌筑，环列
炮台，多安炮位；内设衙署兵房，不惟屯兵操练足壮
声威，而逼近夷巢，更可借资牵制，似于海防大有裨
益。……九龙之逼近香港，与前山之密迩澳门，形势

无二，亟应建立城寨，以便防守"。寨城建成后，大鹏协副将移驻城内衙门统率大鹏协左右二营，并直接归属广东水师提督赖恩爵管辖。

第二次鸦片战争（1856—1860）以后，英国又占领九龙界以南的地方，九龙寨城和大鹏所城防守的地方越来越小。咸丰十年（1860）九龙地区转归英属，大鹏协所辖部分台汛位于英界内，故被废置。同治八年（1869）该协左营实存兵430名，右营实存兵320名。

两次鸦片战争最后以清政府的失败、被迫签订丧权辱国的条约而告结束。但是，包括大鹏所城在内的沿海驻防的将士们，英勇顽强地抵抗英法列强，做出了巨大的牺牲，在一定程度上维护了祖国南大门的安全和民族尊严。两次鸦片战争在海防上的失利，也促使清朝统治集团中的洋务派，开展了"师夷长技"以求"自强"的活动，倡导兴办近代军事工业，用洋枪洋炮装备清军，并组建近代海军，建设近代海防。但是大鹏所城及其建制却日薄西山，逐渐走向不可挽回的衰败。光绪二十四年（1898）英人"租借"新界及离岛地区，大鹏协及其所辖台汛全部被划在英租界内，故被裁没。光绪二十五年（1899）九龙寨城内之清朝官兵被英军驱逐，大鹏协两营亦被裁撤。至此，大鹏所城完成其作为明清海防军事堡垒的历史使命，悄然隐于海岛一隅，默默注视着历史洪流滚滚前进。

第三章

沿海所城大鹏为最——中国南部的海防要塞

一、中国南部的海防要塞

　　大鹏所城位于大鹏半岛之颈部，后有大鹏岭、排牙山坐镇，前有七娘山为其屏障，左右有东山和西山护卫，是天然的避风港湾。排牙山、七娘山海拔均在 700 米之上，成为大鹏所城的依托和屏障。因大鹏所城依山面水，易守难攻，成为明清时期东南沿海的海防军事重镇，在保护沿海边境免受外敌入侵方面发挥了重要作用。大鹏所城处于广州府和惠州府的交界地，同属广州府和惠州府管辖。这样一个军事薄弱和交通不利的地段，很容易成为寇盗的"避风港"。出于加强海域防御力量的考虑，大鹏所城的军事重要性是不言而喻的。

大鹏所城的战略地位十分重要。从海路上看，它与东莞守御千户所共同管辖的深港地区海面，扼守珠江口左海路，是外敌入侵岭南重镇——广州——的必经之地。所以大鹏所城与东莞所城一并被称为"省会门户"。从陆路上看，大鹏半岛是外敌入侵，北掠淡水、惠阳的一个重要登陆点，而大鹏所城能扼守要冲。特别是鸦片战争英人占据香港后，大鹏所城所辖的地区成为抗英最前哨。大鹏、东莞两个千户所的建立，对当时加强广东全省海防力量和维护地方的社会治安起到了相当重要的作用。而且在清末鸦片战争中，其战略地位的重要性空前凸显。

明初，倭寇就开始频繁骚扰我国海疆。倭寇对岭南沿海觊觎已久，当地屡遭侵犯，《明太祖实录》等文献有不少记录。明朝廷在广东沿海相继建立了广州卫、潮州卫、南海卫、碣石卫、广海卫、肇庆卫、神电卫、雷州卫和海南卫等 9 卫 29 所，并从全国各地调派军官、征集军士屯戍。明朝中后期，政治腐败、战争频繁、土地兼并等问题日益严重，卫所军士无计为生，被迫竞相逃亡。据康熙《新安县志》记载："……奏设东莞、大鹏二所以备倭寇，屯种荒田，且耕且守，二所额军二千二百有奇，后屯籍纷乱，额军存者十仅一二，又皆老赢惫疾，奴隶将门之后而已。"于是倭寇、海盗又重新猖獗起来。

到了清朝，随着清政府不断加强沿海地区的军事力量，大鹏所城又逐渐成为海防重地，其战略地位也在不断提高。

清军自入关之前就开始营造战船，组建水师。其水师分为外海水师和内河水师两种，大鹏营就属外海水师。清朝的海防体系形成较晚。清初，清政府针对沿海抗清力量，实行"迁界""禁海"的"消极海防"政策，在中国沿海制造一条空白地带，禁止只船片板入海。大鹏所城正处于这个空白地带上，大鹏所防守营被并入惠州协，受惠州协副将管辖。

自康熙中期开始，中国沿海海盗日益增多，中国海防开始转而以防倭抗盗为主。这时期，大鹏营战略地位有所提高，由"大鹏所防守营"提升为"大鹏水师营"，并增置大炮至118门，防守力量得到加强。

到了康熙后期，来自西方的威胁日益严重，侵略者企图用新式武器打开中国的大门。早在明中后期，西方殖民者西班牙、葡萄牙、荷兰就曾经骚扰过我国沿海地区，到了清朝，虽然荷兰殖民者已被郑成功从台湾赶走，但葡萄牙殖民者仍占据澳门。"红毛"（即英国殖民者）也经常出没，这时的一些殖民国家也已经占领了东南亚的一些国家，并对中国虎视眈眈。所有这些都使清政府深感不安。这一时期中国的海防任务也加进了反侵略内容。清政府为此进行了较为严密的海防布局：在一些重点防御地区设置了炮台，改进了一些旧式炮台和增筑新式炮台，形成炮台式防御体系。康熙五十八年（1719），根据两广总督杨琳的报告，广东沿海险要地带修筑炮台、城垣、汛地126处，配置大炮807门。另外，用长射程的重炮取代轻炮，重炮的有效射程可达1500米。广东珠江口增设水师，与陆军合归水陆提督管辖。因这时的中国正处于康乾盛世，国力强盛，沿海尚无大碍。嘉庆十五年（1810），水陆区分，广东增设水师提督管辖，驻虎门大鹏水师营为外海水师营，管辖珠江口左海路海防，并在今香港增设炮台多处，如鸡翼角炮台、石狮角炮台等，使深港地区海防力量大大加强。

清道光十一年（1831），随着鸦片走私及西方列强的威胁日益严重，大鹏营管辖面广，难于防卫。朝廷便将大鹏营分为左右两营，左营驻扎大鹏所城，设参将、守备各1名，千总2名，把总3名，兵额505名，巡洋大、中米艇各2只；右营移驻大屿山东涌寨城，设守备、千总各 1 名，把总 3 名，兵卒 482 名，巡洋大、中米艇各 1 只。

道光十九年（1839）九月，因英国挑起事端，九龙、官涌海战爆发。中国官兵在九龙山、穿鼻洋和珠江口官涌山一带击退了英国殖民侵略者的 8 次进犯。但此后的形势依然严峻。为加强防务，道光二十年（1840），林则徐奏请将大鹏营改营为协，统率左右二营。增设副将 1 名，派驻九龙山；都司 1 名，兼管左营，驻守大鹏所城。大鹏协所辖台汛也在原有基础上加强了防务，左营增设尖沙咀炮台，驻兵 130 名；右营增设官涌炮台，驻兵 75 名。

林则徐《奏请把大鹏营提升为大鹏协》奏折云："窃照广东虎门海口，为中路扼要之区，……西则香山，东则大鹏，形成两翼。查香山协向驻副将，管辖两营，额设弁兵一千七百零九名，兵力较厚。大鹏原止一营，额设参将一员，管辖洋面四百余里，其中有孤悬之大屿山，广一百六十里，是以道光十年已将大鹏分为两营，而所设弁兵只九百九十八员，较之香山营制，已有轩轾。……臣等伏查尖沙咀、官涌两处，既经建设炮台，必须调兵防守。但大鹏左营额设参将一员，守备一员，千总二员，把总三员，外委五员，额外外委二员，步守兵四百九十七员。右营额设守备一员，千总一员，把总三员，外委五员，额外外委二员，步守兵四百七十五员。除分班出洋外，尚不足以敷巡守，据该营县令会请添，经臣等与水师提督臣关天培再四筹商，应将大鹏改营为协，拨驻副将大员，统带督率，与香山协声势相埒，控制方为得力。……"

在鸦片战争初期，由于林则徐、赖恩爵等中国官员积极备战，英国殖民者在九龙洋面多次受挫。经过明清两代的经营，大鹏所城成为海防重镇，其军事设防的关键是根据所城东、西、南、北的山川形势，因地制宜，完善、加强军事防御工程体系的建设。

二、清朝大鹏所城兵力布防

清朝大鹏所城的兵力布防情况可以分为两个阶段。

第一阶段，主要针对广东、福建沿海一带的义军及郑成功等部的抗清活动进行镇压。顺治元年（1644）大鹏所城设防守千总 1 员，率战守兵 300 名。顺治四年（1647），抗清义军残余李万荣占据大鹏所城，这一占就是 10 年。顺治十三年（1656）总兵黄应杰围李万荣于大鹏山数月，李万荣粮尽投降，知县傅尔植奏请，改设大鹏所防守营，守城官升格为守备驻守，额战守兵增至 500 名。康熙三年（1664），清政府为封锁台湾的郑成功，再次实行迁界禁海，康熙四年（1665），总兵移镇东莞守御千户所，下辖左中右三营标兵，其中左营驻大鹏所防守营。康熙七年（1668）总督周有德奏请将大鹏所防守营并入惠州协，由副将管辖，而新安营不辖大鹏所防守营，大鹏所防守营仍兼防新安。据嘉庆《新安县志·经政略》兵制记载，康熙四十三年（1704）改大鹏所防守营为大鹏水师营，添设游击驻守，战守兵额增加到 800 名（其中战兵 190 名，守兵 610 名），辖九龙汛、大屿山汛、盐田汛、上峒塘汛、关湖塘汛、下沙塘汛、老大鹏汛、红香炉汛、东涌口汛等塘汛 9 处以及炮台 3 座，共设大小生铁炮 68 门、大小熟铁炮 100 门。雍正四年（1726），裁撤游击改设参将 1 员，添设外委、千把总 7 员，隶属水陆提标管辖。嘉庆十五年（1810）水陆区分，广东增设水师提督驻虎门，设五营，其中大鹏为外海水师营，设参将 1 员，兵额 800 名，改隶虎门水师提督。

第二阶段，主要针对外国列强加强了防守力量。道光十一年（1831）大鹏外海水师营分左右两营，左营驻大鹏所城，兵额 505 名，右营移驻大屿山东涌寨城，兵额 482 名。道光十九年（1839），因英国挑起事端，九龙、官涌海战爆发，大鹏水师营在参将赖恩爵的率领下，击退英军，取得海战的胜利。但中英关系的形势开始变得严峻。道光二十年（1840）因鸦片走私盛行及英国列强威胁日甚，林则徐奏请"应将澄海协副将改为大鹏协副将，移驻大鹏所辖扼要之九龙山地方，居中调度。其澄海协之都司，改为大鹏协副将中军都司，兼管左营事务，驻扎大鹏所城"。大鹏协兵力超过 2000 名，防区包括今香港全区及其附近洋面。鸦片战争爆发，英国占领香港岛。道光二十六年（1846）两广总督耆英奏设九龙寨城，广东水师提督率先捐款建九龙寨城。道光二十七年（1847），大鹏协副将移驻城内。第二次鸦片战争以后，英国又占领九龙界以南的地方，九龙寨城和大鹏所城防守的地方越来越小。咸丰十年（1860），九龙地区归英属，大鹏协被废置。同治八年（1869），该协左营实存兵 430 名，右营实存兵 320 名。光绪二十四年（1898），英国又强租新界及离岛地区，该协亦被裁，九龙寨城成了孤城，大鹏所城的防区只剩四分之三。①

三、大鹏所城和九龙寨城

香港拥有极为优越的地理位置和天然的深水良港——尖沙咀洋面（今香港维多利亚港），一直为英国侵略者所垂涎，早在 1839 年就成为英国鸦片贩子对华进行鸦片走私的重要据点之一。赖恩爵于 1839 年搜查鸦片走私船 22 艘，其中就有 16 艘停泊于尖沙咀洋面；收缴的 2 万多箱鸦片，大部分来自尖沙咀洋面的鸦片趸船上。

自 1839 年 6 月 3 日虎门销烟后，英国侵略者、鸦片贩子不甘心失败，寻机挑衅。1839 年 7 月 7 日，英船"考奈蒂克号"和"蒲加洛尔号"的水手"混行上岸，无故滋事"，殴打尖沙咀村民林维喜致死。事后，林则徐查明原委，采取强硬措施，要求义律交凶法办。义律却拒绝交凶，并私设法庭，肆意践踏中国法律，使中英关系恶化。"林维喜事件"成为中英第一次鸦片战争的导火线。

侵略者虽然在九龙海战中遭到赖恩爵等清朝爱国

---

① 林易蓉，《试析深圳大鹏所城及其文物保护》，发表于 2009 年《岭南考古研究 8》。

官兵的沉重打击，"折肘翻涛全败北"，但仍没放弃占领香港的野心。不久，侵略者又悍然发动了中英官涌之战，这一次侵略者败得更惨，在赖恩爵、陈连升等清朝爱国官兵的英勇打击下，英军六战六败，狼狈逃窜。

侵略者占领香港之心不死。1841年，侵略者仅凭时任钦差大臣的琦善一句话"……今贵公使大臣十月初六所称予给口外洋寄居一所，代为恳奏"，竟歪曲其言辞，于1月20日公开宣布与琦善就割让香港岛已达成初步协议。1841年1月26日，英军武装占领香港岛。这是一次野蛮的殖民侵略，这是一次非法占领！

1月30日，英军总司令官伯麦照会大鹏协副将赖恩爵，竟然胡说什么"照得本国公使大臣义律与钦差大臣爵阁部堂琦善说定诸事，议将香港等处全岛地方，让与英国主掌，已有文据在案。是该岛现系归属大英国主治下地方，应请贵官速将该岛各处所有贵国官兵撤回，四向洋面不准兵役稍行阻止，难为往来商渔人民……"①，可谓蛮横之极。1842年，中英鸦片战

---

① 舒国雄主编、深圳市档案馆编，《明清两朝深圳档案文献演绎》，花城出版社，2000年。

争以中国的战败而告终。中国被迫签订中国历史上第一个不平等条约——中英《南京条约》，其中第三款规定割让香港："因大英商船远路涉洋，往往有损坏须修补者，自应给予沿海一处，以便修船及存守所用物料。今大皇帝准将香港一岛给予大英国君主暨嗣后世袭主位者常远据守主掌，任便立法治理。"香港岛的割让，使中国的领土完整受到了破坏，带来了严重后果。英国割占了香港岛，一水之隔的九龙地区成为抗英入侵的最前哨。道光二十六年（1846），两广总督耆英上奏"九龙之逼近香港，与前山之密迩澳门，形势无二，亟应建立城寨，以便防守"。同年，在广东水师提督赖恩爵的积极倡议和率先捐银下，广东官绅民众纷纷解囊，捐建九龙寨城。九龙寨城的前身为九龙炮台，位于今香港启德机场以北，建于清嘉庆十六年（1811），该炮台围墙长三十一丈、高一丈一，驻兵42人，设有大炮8门。鸦片战争前夕，九龙一带防务由大鹏营参将赖恩爵统一负责。九龙炮台及九龙海口汛属大鹏营右营管辖。道光二十三年（1843），广东官府奏请调大鹏协副将、九龙司巡检各1员进驻九龙山，以加强该地区防务。于是，赖恩爵和九品官许文琛就成了第一位进驻九龙寨（当时称九龙炮台为九龙寨）的大鹏协副将和九龙司巡检。但当时赖恩爵和许文琛都是租用民房作为办公地点。这些都说明：随着九龙寨战略地位的日益提高，建造一座坚固的寨城已是迫在眉睫了。此后，赖恩爵被提升为南澳镇总兵，不久又被提升为广东水师提督。大鹏协所负责的深港地区海防由他直接管辖。1846年，在赖恩爵的带头捐银和积极倡议下，广东官绅纷纷解囊捐建九龙寨城。据《香港杂记》的"勘建九龙城全案"记载，广东官绅共捐银 46.8 万两，大大超出了建城所需。1994年，在香港九龙寨城遗址出土了"九龙寨城"石额，上刻有三个人的名字：广东巡抚都院黄（恩彤）、太子少保两广督堂耆（英）、广东全省水师提督军门呼尔察图巴图鲁赖（恩爵）。

道光二十六年（1846），两广总督耆英上奏请求建造九龙寨城。道光皇帝批示：酌量妥为之。其实在此之前，赖恩爵已同大鹏协副将一起进行了营造九龙寨城的规划和前期准备工作。1846年 11 月 25 日，由广东试用通判顾炳章为勘建委员，会同广东新宁县知县乔应庚、丰顺县汤坑司巡检袁润业一起督造九龙寨城。九龙寨城呈不规则矩形布局，城周长一九九丈、城墙高一丈六，城墙厚五尺至一丈，分东、西、南、北四个城门，南门为正门，门上阴刻"九龙寨城"。
城门高丈许、宽八尺、深二丈余，顶作半月形，中间
设铁闸。拆修原九龙炮台，建造副将、巡检衙署各一
所，武帝庙、演武亭、军装局、火药局各一所，兵
房十四间，城楼四座等。至 1847 年 5 月 31 日工程告
竣，历时 6 个月。此后，为方便防守与军队调度，大
鹏协副将由大鹏所城移驻九龙寨城内，统率大鹏协左
右二营，并直接归属广东水师提督赖恩爵管辖。九龙
寨城成了抗击英军的重要阵地。

1856 年，贪婪的英国殖民者勾结法国公然发动第
二次鸦片战争。1860 年，中国再次战败。英国又通过
《中英北京条约》，割占了九龙界以南九龙司地方一
区共 7.93 平方公里的中国领土。大鹏协再一次面临严
峻的挑战。

19 世纪 70 年代后，世界主要资本主义国家开始
进入帝国主义阶段，垄断的帝国主义集团为寻求更为
广阔的市场，纷纷开拓海外殖民地。1894—1895 年爆
发中日甲午战争，中国战败，清政府的腐败无能再次
暴露无遗。帝国主义国家掀起瓜分中国的狂潮，在中
国划分势力范围和向中国租借土地。

英帝国主义在占领长江流域作为其势力范围之

后，继而于 1898 年，迫使清政府签订了《展拓香港界址专条》，强行租借九龙界线街以北、深圳河以南，包括大屿山等 235 个附属大小岛屿及大鹏湾、深圳湾两处水域，其中陆地面积达 975.1 平方公里，称为"新界"，租期 99 年。这次拓界使香港地界扩大了 11 倍之多，占新安县总面积的三分之二，大鹏协防辖地区的四分之三。至此，英国完成了对香港地区的蚕食。

租借新界的过程中，在中方官员的力争之下，九龙寨城终未被列入租借范围，条约规定："所有现在九龙城内驻扎之中国官员，仍可在城内各司其事。……仍留附近九龙城原旧码头一区，以便中国兵、商各船、渡艇任便往来停泊，且便城中官民任便行走。"但新界人民反对英军武力接管的斗争此起彼伏。英军借口说九龙寨城对保卫香港之武备有所妨碍，于 1899 年 5 月 15 日出兵九龙寨城，"将九龙城内官弁兵丁一并逐出，军械号衣悉行搜夺"，并强行关闭了九龙海关。九龙寨城从此失去了光辉，成为一处平民居住区。

九龙寨城曾是抗击英军入侵的最前哨，也是九龙半岛及新界被英国割占的历史见证！两次鸦片战争，清政府被迫同英国签订了《南京条约》《中英北京条

约》以及 1898 年的《展拓香港界址专条》3 个不平
等条约，英国殖民者蚕食了香港，大鹏协在香港境内
的所有营、汛、寨、台均被裁撤，大鹏所城作为抵御
外侮军事重镇的战略地位从此没落，但大鹏所城以及
在大鹏所城战斗过的民族英雄们已被载入史册，永垂
千古。

第四章

武功家世久相传——赖氏三代五将

从清朝嘉庆到道光年间，大鹏所城赖氏家族历经三代，出了五位将军，使赖姓成为广东一杰出姓氏，与连平颜氏并称"文颜武赖"，更有"一门六进士，三代五将军"的美誉。

据大鹏所城赖氏族谱记载，赖氏出于轩辕二十九代，至颖公为周武王弟，封赖国。后其子孙以国为姓，改姬姓为赖姓。颖公后的十五世赖先公，以文学孝廉，事汉高祖，官至大司马；二十九世赖庄公在东晋孝武帝年间任虔州太守；三十二世硕公，号筑宝翁，晋末官至太常少卿，迁江西赤竹坪（今江西宁都）；三十五世标公，唐僖宗时封直殿将军，迁福建汀江上杭古田里；五十四世沙宾公卜居长乐；五十七世仲轩公迁陆丰河田；五十八世以厚公始迁归善县淡水碧甲司鹤湖卜居，为鹤山一世祖，后立村荣丰围。大鹏所城赖氏乃鹤山赖姓的一条分支。

大鹏所城赖氏始祖名赖吾彪，在清乾隆年间由广东紫金迁居大鹏所城，为紫金赖氏第九世祖。初来大鹏所城以竹篾手工艺为生。此后，赖氏三代单传，生活清贫。第三世祖名赖世超（1750—1832），自幼聪慧好学，文才武略，先从文职，后弃文从武。初任千总，因战绩彪炳，官至广东琼州镇总兵，镇守今海南岛。道光十年（1830），任闽粤两省武举考官，封武功将军，诰封武义都尉。赖世超后，赖氏代代习武，报效国家。

赖世超的祖父赖吾彪于清乾隆年间迁居大鹏所城外乌涌，以竹篾手工艺为生，娶乌涌郑氏；父亲赖显贵，娶葵涌黄氏为妻，赖世超为其独子。赖世超少时家境贫寒，15岁随民间艺人习武，16岁在县衙当差。后来转大鹏所城衙署做文职。25岁娶名门闺秀刘氏为妻，婚后弃文从武，并顺利考取武举，第三年又考上千总，就职于城内都司府衙门。由于武功精湛且战功累累，道光十年（1830）任闽粤武举考官，诰封武义都尉，官至广东琼州镇总兵，晋封武功将军，御赐蓝顶花翎，正二品。卒于道光十二年（1832）农历三月，享年82岁。其两子两孙先后成为名重一方的大将军。

赖英扬（1778—1840），字虎臣，号云台，是赖世超将军之长子，著名抗英将领赖恩爵将军之父。官至浙江定海镇总兵，封武显将军，晋封振威将军，御赐红顶花翎，从一品。赖英扬生于乾隆戊戌年（1778）十二月初十日戌时，少时肄业读书，长则投笔从戎，历拔大鹏营外委，因捕获海盗有功，升补把总，坐驾楼船，身先士卒，先后擒获盗船18艘及邬石二等洋盗382名。当时两广总督百龄奏请圣上，赏给赖英扬"头等出力"银牌一枚，并升授水师提督中营千总，署理广海寨守备。嘉庆二十三年（1818）任虎门水师提标右营中军守备，筹划防夷设施，督造珠江口要塞的镇远和大虎炮台，不久出任阳江镇右营守备。道光元年（1821）调任香山协右营守备，署理海门营参将。道光七年（1827）升平海营参将，署理龙门协副将。赖英扬肩负重任，转战于广东海防的东、南、西等海域。道光十一年（1831）五月，赖英扬统领官兵剿办安抚崖州黎匪，善后事宜告竣。不久奉旨出任琼州镇总兵、续署香山协副将，后又升澄海协副将，署理碣石镇总兵。道光十八年（1838）正月初一日，钦奉上谕补授浙江定海镇总兵，是年五月内到任。道光十九年（1839）二月内陈请终养未遂，次年三月初一日，接到母亲刘太夫人在家乡逝世的消息，赖英扬遂奏请回乡安葬母亲，竭尽孝思。道光二十年（1840）四月，赖英扬忽发哮喘病，经调医无效，于六月初五日病逝，时年62岁。赖英扬死后葬于大鹏水贝村北虎地龙山西坡，现保存的风水铭对墓葬有如此描述："鹏山之麓名虎地牌者，乃营葬先大人之处也。坟茔中，边石镶横亘数丈，拜堂外竖石狮华表，立石人石兽各二，盖遵熙朝定制焉。"现墓碑、石人、石狮、石马、墓表均存于大鹏所城博物馆，墓前风水铭、墓志铭存于深圳博物馆。

赖信扬生于1783年，为赖世超将军之第三子，赖恩锡将军之父。少年时由父亲赖世超指导练习武功。20多岁时在大鹏营入伍，后升把总，道光二十年（1840）任香山协左营千总，1846年升任澄海营守备，后任都司、参将、副将等职。道光二十七年（1847），任福建厦门水师提督，封建威将军，御赐红顶花翎，正一品。因20世纪80年代赖信扬坟墓被盗墓者毁坏严重，辞世时间无法考证。

赖恩锡生于1824年，是赖世超的孙子，赖信扬将军的第六个儿子，赖恩爵将军的堂兄弟。赖恩锡青年时入伍，天资聪慧，勤习武功，入伍后不久升任把总，而后又升千总，一年多以后提升为水师候补游击，屡建战功，曾多次受奖。之后又调任海防要地担任长官，于咸丰年间晋升为福建晋江镇镇台，晋封武功将军，御赐蓝顶花翎，从二品。

赖恩爵（1795—1849），字简廷，清朝抗英名将。赖恩爵为大鹏所城赖氏家族赖世超将军的孙子，赖英扬将军的长子。道光二十三年（1843）任广东水师提督，晋封振威将军，御赐红顶花翎，从一品。

赖恩爵出身行伍世家，祖父、父亲、两个叔父、兄弟、堂兄弟等均为水师武官。赖氏由此成为广东望族，纵观中国历史也属罕见，有"宋朝杨家将，清代赖家帮"的美誉。少年赖恩爵跟随父亲、叔父苦练武功。嘉庆年间，时年19岁的赖恩爵随父亲赖英扬在广东阳江入伍，翌年升把总，逐年晋级，历任千总、守备、都司、游击。道光十八年（1838）十月任广东海门营参将。1839年初调任大鹏营参将。1839年9月4日，赖恩爵率领大鹏营水师官兵在香港尖沙咀洋面英勇阻击以义律为首的英国殖民者的入侵，取得了鸦片战争首战——九龙海战的胜利，受道光皇帝嘉奖，赐"呼尔察图巴图鲁"名号，赏戴红顶花翎并"即升副将"，升任广东龙门协副将。

因两广总督耆英向朝廷上奏赖恩爵最熟悉外洋情形，道光二十三年（1843）正月初七，赖恩爵任南澳镇总兵。赖恩爵任南澳镇总兵时，率所部水师加强巡洋，日夜不懈，夷船匪帮俱知有备，不敢犯境。而廉琼洋贼复炽，赖恩爵督拖船四十前往清剿，首次降贼438人，擒土贼95人。

道光二十三年（1843），时年48岁的赖恩爵被提升为广东全省军务水师提督，接替被免职的原水师提督吴建勋。

赖恩爵任广东水师提督期间，对侵占香港的英国殖民者积极防御，向朝廷上奏倡建九龙寨城，并率先捐俸建造，得到广东乡贤的鼎力支持，筹得营建经费近47万两白银。时主持修建工程的顾炳章估算工程造价为9万两，以至于道光皇帝下旨停止捐输，修城所余款项用于维护珠江口炮台。九龙寨城建成后，成为中国抗英最前哨，大鹏协副将移驻九龙寨城，统辖大鹏、东涌左右二营。如今残留的九龙寨城寨门横额上的落款为：广东巡抚都院黄（恩彤）、太子少保两广督堂耆（英）、广东全省水师提督军门呼尔察图巴图鲁赖（恩爵）。可谓是两广地区党、政、军一把手联名落款，可见九龙寨城的重要性。

赖恩爵痛恨朝廷腐败无能，官僚媚外，贪生怕死，丧权辱国，把亲自固守的香港也割让予人。在水师提督任上，赖恩爵派人刺探香港情报，以伺机收回香港，终因国力衰微，未能如愿以偿。道光二十九年（1849）二月，赖恩爵托病解甲归田，终因无力收回香港，抑郁而终，享年54岁。临终前，赖恩爵将军嘱咐子孙"吾忧朝政腐败而忧，吾乐香港回收而乐"，并将道光皇帝御赐之袍用于激励族人：谁为国家贡献最大，此袍就传给谁。今天，此袍妥善保存于香港族人手里，愿这件具有重大历史价值的将军遗物早日回归大鹏所城赖恩爵"振威将军第"，被世人瞻仰和膜拜，宣扬将军的爱国情怀。

赖恩爵一生历经大小36次海战，战无不胜，功勋卓著，特别是九龙海战，打响了鸦片战争第一炮，他的名字与九龙海战一起被永远载入史册。

赖恩爵不仅是一名战斗英雄，还精通诗文。赖恩爵7岁入私塾念书，勤奋好学，天资超群。10岁丧母，由祖母刘氏夫人亲自训导"欲知官以尚，时怀读我书"，鼓励后辈勤奋上进。在任南澳镇总兵时，"与澳绅黄庆元同具儒将风，多年袍泽，交谊甚深，暇则以诗唱酬，并以忠清交勉，两人卒成南疆名将"。

赖恩爵是深圳历史上出过的高官之一，其赖氏家族也是深圳历史上的望族之一。赖恩爵作为深圳最重要的历史名人之一，其不屈不挠的抵抗外来侵略的民族气节和爱国情怀被永远载入史册，每年都有大量的海内外宾客前来赖恩爵故里大鹏所城及其府第瞻仰这位民族英雄。香港回归祖国，举国同庆，赖氏族人纷纷从海外回乡，举族同庆，告慰将军亡灵，以"还我祖愿"。

赖太母刘老夫人，世超公姚刘氏，生于乾隆十七年（1752），出身名门（衙署高官刘大人之女），自幼就读私塾，受教育多载，熟读诗书，智慧过人。自著书本启蒙子孙，家教严谨；自作对联"欲知官以尚，时怀读我书"，勉励儿孙。她时常告诫后裔，为人要谦虚谨慎，不可妄自吹嘘。其后多位后裔成才，与她的教育影响分不开。刘老夫人卒于清道光十九年（1839）冬，葬于东门外东村侧，称"石地"。早期大鹏所城赖氏人丁单薄，家境贫寒，自第三代赖世超迎娶刘府小姐、考取官职后，人丁渐旺，生活开始富裕。

赖太母刘老夫人，大鹏所城外东村人，父亲为大鹏营守备，即大鹏所城内守府大人。刘老夫人出身名门，自幼聪颖，琴棋书画无所不能，年23时遵父命嫁入赖家。刘大人购得城内东南角杨家宅地一处，盖三间两廊住所一处作为嫁妆，赖家始得从城外乌涌入城居住。刘老夫人嫁入赖家后，吃苦耐劳，相夫教子，育有三子：英扬、升扬、信扬，开枝散叶，传宗接代。因丈夫赖世超从小学文习武，在刘老夫人父亲、守府大人府里任文员一职，刘老夫人与丈夫赖世超商量文职不可长久，难有出头之日，适逢东莞招考千总，鼓励丈夫赴东莞应考武举，一举中试。报子敲锣打鼓前来大鹏所城通报喜讯，遍寻不得赖家居所，可知当时的赖家家境清贫，当时还属外来人，大鹏所城内无人识。赖世超从武报国后，刘老夫人白日要出外种田养家，夜里秉烛教子读书，总结历史经验和父亲守府大人教诲，编成家训，教育子孙。家族至今流传老祖母家训。[①]

赖太母陈老夫人，赖恩爵原配夫人，原名陈金枝，大鹏所城西南角人，育有三子一女，封一品夫人，因道光皇帝赐她凤冠头饰一顶，美观夺目，闪闪

---

① 《大鹏所城赖氏敦厚堂简谱》。

赖恩爵将军第

发光，如同满头金花，故被乡民称为"金花夫人"。陈氏生于嘉庆四年（1799），卒于清光绪十年（1884），享年85岁。清咸丰年间，朝廷派两广总督兵部尚书莅临大鹏所城赖府，金花夫人接见，介绍赖家一门英烈，兵部尚书盛赞"宋朝杨家将，清代赖家帮"，金花夫人应曰："寒门微将尽责守，岂敢承恩重誉辞。"应答得体，彰显文采。兵部尚书返粤后让人鸣锣打鼓送来匾额"三代五将——皇清赞誉广东武赖父子兄弟叔侄公孙提镇"，以彰其功。①

　　时光迁移，如今走进振威将军第，府第墙上依然

―――――――――――――――

① 《大鹏所城赖氏敦厚堂简谱》。

赖恩爵书房——怡文楼

赖恩爵将军第月门

清晰地印着赖家的家训："岗不离守，守不离纲""文官愿为清史瘦，武官敢当沙场卒""欲知官以尚，时怀读我书""人生学，学而生，先立品，学圣贤，耐勤学，礼施谦，要笃信，劳而奋，事有成"等。这些家训早已深深刻入了赖氏子孙的脑海，代代相传。

　　赖家之所以有那么多爱国志士，与家族重教和家训传承分不开，与赖世超夫人赖太母刘老夫人长期教给子孙的"爱国"理念不可分割。可以说，大鹏所城，海上风云600年，这是一座英雄汇聚的城，在这里，赖氏族人将爱国敬业的精神代代传承，留下了一段段载入史册的动人故事。

第五章　赖恩爵与九龙海战

鸦片贸易给英国资产阶级、英印政府、东印度公司和鸦片贩子带来了惊人的暴利，打破了中国对外贸易的长期优势，使中国由200多年来的出超国变成入超国。

"鸦烟流毒，为中国三千年未有之祸。"鸦片大量输入，使中国每年外流白银达600万两，中国国内发生严重银荒，造成银贵钱贱，财政枯竭，国库空虚。

鸦片输入严重败坏了社会风气，摧残了人民的身心健康。烟毒泛滥不仅给中国人在精神上、肉体上带来损害，同时也破坏了社会生产力，造成东南沿海地区的工商业萧条和衰落。

鸦片贸易给中国社会带来的严重危害，引起了清政府和广大人民的重视。清政府从自身利益出发，1821—1834年颁布禁令八次；统治阶级中一部分人目睹社会危机，要求改革弊政，在中国严禁鸦片。

1839 年初，赖恩爵调任大鹏营参将。大鹏所城为左营，香港大屿山为右营，赖恩爵兼顾两地防务，驻九龙居中调度。是年英美公司在广东沿海贩卖鸦片甚烈，清朝廷觉察鸦片毒害国民，指派湖广总督林则徐为钦差大臣，赴广东查禁鸦片。赖恩爵参与其中，西门赖恩爵副将府有对联铭记："旧勋铭虎海，新泽贺螭庭。"

1839 年 3 月，林则徐抵达广州后，勒令外国烟贩交出所有鸦片，并承诺不再贩卖，保证"嗣后来船，永不敢夹带鸦片，如有带来，一经查出，货尽没官，人即正法，情甘服罪"，并自 6 月 3 日至 6 月 25 日将大部分法律上属于英国人的鸦片库存全部销毁。英国人把中国人的禁烟行动看成是侵犯私人财产，觉得不可容忍，促成战争的爆发。

1839 年 3 月，林则徐会同两广总督邓廷桢、广东水师提督关天培在广州筹划禁烟。林则徐乃召粤秀书院、越华书院、羊城书院三大书院 645 名学子入贡院"考试"。这次名为考试，实为问卷调查，试题四道："1. 鸦片集散地及经营者姓名；2. 零售商；3. 过去禁烟弊端；4. 禁绝之法。"自此林则徐掌握了所有烟商、贪官污吏之名单。1839 年 3 月林则徐到广州收缴英美不法商人的鸦片 2376254 斤，于 1839 年 6 月 3 日至 6 月 25 日间在东莞虎门海滩当众销毁，在现场观看的广州城乡群众，无不拍手称快。这是近代史上闻名中外的虎门销烟。它沉重地打击了英国殖民主义者的嚣张气焰，是中国人民抵抗外来侵略的伟大壮举。

虎门销烟后，英国人不甘心鸦片被烧毁，不承认有夹带鸦片者"货尽没官，人即正法"的具结，烟贩商船仍然在珠江口沿岸、澳门、香港等地猖獗活动。1839 年 7 月，九龙尖沙咀村发生林维喜案。一群英国士兵在九龙尖沙咀借酒行凶，殴打村民林维喜致死，案发后林则徐严令义律交出凶犯，但遭拒绝。林则徐与义律为首的英商集团进行针锋相对的斗争，并令参将赖恩爵率水师巡船三艘进驻九龙湾，明令"禁绝英夷柴米食物，停供食水，撤其买办、工人"。英国人受到制裁，在澳门等地无法立足，便以武力相威胁。1839 年 8 月 15 日，林则徐下令禁止一切贸易，派兵进入澳门，更进一步驱逐英国人出境。此事因而成为鸦片战争的导火线。

1839 年 9 月 4 日，义律率"路易莎号"、巡洋舰"珍珠号"等 5 艘舰船，以"求为买食"为名接近我方，并于下午 2 时 30 分下令开炮轰击我水师船。正

赖恩爵和九龙海战

在巡洋的大鹏营守将赖恩爵受到出其不意的攻击后，随即指挥水师船和九龙炮台开炮奋力反击。下午5时，英国殖民者加强进攻，配备足够武器的"威廉要塞号"赶来增援，"窝拉疑号"也驶进港湾，英国殖民侵略者以船横鲤鱼门，势极汹涌。赖恩爵等人奋不顾身，击毙英国士兵30余人，炮断英国"甘米力治号"船长手腕，英国士兵伤者甚众，下午6时30分英国船只逃回了尖沙咀。之后赖恩爵又令水师烧毁鸦片趸船多艘。九龙海战以我方的大胜而告终。这是一场不宣而战的野蛮侵略战争。英国侵略者的行径激起了中国水师爱国官兵的极大愤慨。

　　这场海战持续了4个多小时，中国水师阵亡2

人、重伤2人、轻伤4人，船只间有渗漏，桅篷也有损伤，均俱赶修完整。而查明的英国人捞起尸体掩埋的已有17具，在海上漂流的英国人尸体更是无法计算，英国殖民侵略的成员亚当·艾姆斯里事后回忆说："我希望我绝对不要再参加这种战斗，在这次战斗里，我们已经被揍得很够受的了。"九龙海战狠狠打击了侵略者的嚣张气焰。

赖恩爵率领的中国师船远弱于义律及其增援的船舰，但他不畏强寇，奋不顾身，指挥师船连放大炮，九龙炮台也猛烈开炮，击毙英军多名，击沉一艘双桅船。中英九龙海战最后以中国的胜利而告终。

林则徐在后来向道光皇帝上的奏折中这样说："七月二十九日接据大鹏营参将赖恩爵禀称，该将带领师船三只，在九龙山口岸查禁接济，防护炮台，该处距尖沙咀约二十余里。七月二十七日午刻，义律忽带大小夷船五只赴彼，先遣一只拢上师船递禀，求为买食。该将正遣弁兵传谕开导间，夷人出其不意，将五船炮火一齐点放。……该将赖恩爵见其来势凶猛，亟挥令各船及炮台弁兵施放大炮对敌，击翻双桅夷船一只，在漩涡中滚转，夷人纷纷落水，各船始退。少顷，该夷来船更倍于前，复有大船拦截鲤鱼门，炮弹蜂集。……该将弁等忿激之下，奋不顾身，连放大炮，轰毙夷人多名。……臣等查英夷欺弱畏强，是其本性，向来师船未与接仗，只系不欲衅自我开，而彼转轻视舟师，以为力不能敌，此次乘人不觉，胆敢先行开炮，伤害官兵，一经奋力交攻，我兵以少胜多，足使奸夷胆落。"[1]

九龙海战的胜利，打击了朝廷中的弛禁派，坚定了道光皇帝禁烟的信心，道光皇帝朱批："既有此番举动，若再示以柔弱，则大不可。"有力地支持了林则徐在广东的一系列禁烟备战措施使之得以顺利实施，从而使鸦片战争初期侵略者在粤闽无隙可乘。

九龙海战是鸦片战争的起点，这也是中国近代史上一系列反侵略战争中的第一仗，充分体现了中国人不畏强暴的英雄气概。在这场战斗中，大鹏营水师官兵表现出不畏强暴的英勇抗争精神，最终以少胜多，以弱胜强，沉重地打击了侵略者的嚣张气焰，充分显示了中国官兵保卫祖国领土主权不受侵犯的力量和必胜的信念。以赖恩爵为首的爱国官兵作为民族英雄而被载入史册，永垂不朽，大鹏所城作为这场战役的指

---

① 《鸦片战争档案史料》，第 1 册。

第一次鸦片战争中的海上战斗场景

挥中心也由此名扬中外。

英国侵略者虽然在九龙海战中惨遭失败，但他们本性不改。1839年9月21日，英国内阁收到义律对中国开战的建议，决定对中国以武力相加。随后，英国政府授权义律为军事代表，负责指挥侵华军事行动，并指示其"先对中国进行打击，然后再说道理"。1839年10月1日，英国内阁以商务受阻及大英子民生命受到威胁为理由，做出"派遣舰队去中国海"的决定，虽然依据中国法律，英国人无权在中国领土上存放鸦片。

11月3日，英国两艘战舰在广州珠江口穿鼻洋海面阻止英国商船"撒克逊号"向中国报关进入，并炮击中国水师舰只。广东水师提督关天培率领水师船反击，并亲身挺立桅前督阵，对准英船"士密号"连轰数炮，将其头鼻打断，船头之人，纷纷滚跌入海。"接仗约一时之久，'士密'船上帆斜旗落，且御且逃，'华伦'亦随同遁去。"激战约1小时，两艘英舰均被击伤败走，驶回尖沙咀停桡修理。在这场战斗中，赖恩爵率领的大鹏营官兵为主力部队，且骁勇善战，屡立战功。

1840年1月5日，林则徐根据道光帝旨意，宣布正式封港，永远断绝和英国贸易。1月8日，英国"窝拉疑号"舰长宣布，自1月15日起封锁广州口岸与珠江口。1月16日，维多利亚女王在国会演说，谓正密切注意英国人在华利益及国家尊严；在中国发生的事件，已经引起英国臣民与中国通商关系中断，女王已注意并将继续关注这一影响英国臣民利益与王室尊严的事件。

2月，英国政府任命懿律和义律分别为正副全权代表，懿律为英军总司令。

4月，英国国会对此进行激烈辩论，在维多利亚女王的影响下，最终以271票对262票通过采取军事行动的决议。英国政府始终未正式宣战，认为军事行动只是一种报复，而非战争。

6月，懿律率领英国舰船40余艘及士兵4000人，从印度出发到达中国海面，标志着第一次鸦片战争正式开始。该舰队有战舰16艘，蒸汽军舰4艘，运输舰船28艘。战争爆发后，英国从本土不断增援。除去被替换回国的舰船外，到1842年8月战争结束时，侵华英军战舰达25艘，蒸汽舰船15艘，医院船、测量船、运输船共60余艘。

战争爆发之初，中方只视英军为蛮夷，认为不具威胁。1840年6月，英军统帅兼全权代表懿律领兵到达广州海面。根据英国外交大臣巴麦尊的指示，这支侵略军封锁广州、厦门（今属福建）等处的海口，截断中国的海外贸易，并于1840年7月攻占浙江定海（今舟山市），作为前进据点。此时，中国沿海地区，除广东在林则徐督饬下稍作战备外，其余均防备松弛。8月，英舰以惊人的速度攻城略地，抵达天津大沽口外，本来主张战争的道光帝，眼见英舰迫近，慑于敌威，开始动摇。1840年8月20日，道光帝批答英国书，令琦善转告英国人，允许通商和惩办林则徐，以此求得英舰撤至广州，并派琦善南下广州谈判；同时，英方也因疾疫流行、秋冬将临而同意南下广东进行谈判。10 月，琦善署理两广总督；林则徐、邓廷桢被革职。12 月，琦善通过私人翻译鲍鹏与义律谈判，拖延时间。英军南下后，清朝廷下令沿海各省督抚筹防海口，并命两江总督伊里布率兵至浙东，准备收复定海。

义律失去耐心，决定战后再商。1841 年 1 月 7 日，英军突然攻占虎门的大角、沙角炮台，清守军死伤 700 余人，船只被沉毁 11 艘。琦善被迫让步，私自与义律于 1 月 25 日议订《穿鼻草约》，条约第一款就是将香港割与英国。第二天，英国军队就占领了香港岛。林则徐被发配新疆，他虽上书道光帝，力言必须禁烟和重视海防，却被道光帝斥为一派胡言。不过，《穿鼻草约》由始至终并未经中国皇帝批准，而琦善也没有盖用关防印，因此该条约不具法律效力。

九龙海战是鸦片战争的首战，是中英双方第一次军事交锋。九龙海战之后，中英双方又爆发了穿鼻之战、官涌之战等。九龙海战是鸦片战争的起点，这一点已被越来越多的中外史学界学者所接受、认同。

九龙海战的胜利是林则徐抗英战略思想的胜利。林则徐于 1839 年 3 月 10 日抵达广州后，便预见中英发生军事冲突的可能，积极部署广东海防。4月11日，林则徐、邓廷桢亲临虎门，一面收缴鸦片，一面根据水域的宽窄和深浅，部署设防。他还加强防守力量，招募兵勇，设置铁链，维修、增设炮台，并密切注意英方动静，刺探英方情报，在当时中国人对世界知之甚少的不利情况下大量翻译阅读西方书籍、报刊，做到"知己知彼"，使中国水师在九龙海战中处变不惊，从容作战，以取得最后胜利。

九龙海战是一次以少胜多、以弱胜强的战役。当时中国武器十分落后，依然以冷兵器为主，热兵器都是些鸟枪、土炮，射程短、命中精度低。而英国的武器已经非常先进，射程远、命中精度高、杀伤力强，再者英方船只大，装炮多，中国水师船只小，有些甚至是由渔船改装，出不了远洋。中国水师的胜利来源于赖恩爵将军的英勇善战和全体水师官兵的奋勇抗争，整个过程，伟大的爱国主义成为全体水师官兵能够最后取胜的精神支柱。

战争的爆发，英国殖民侵略者是罪魁祸首。侵略者早就预谋发动侵略战争来打开中国的大门。虎门销烟不是鸦片战争的根本原因，它只是战争的导火线。早在虎门销烟、九龙海战爆发之前，侵略者就积极刺探中国沿海的海防部署情况，为以后发动战争做准备。1839 年 5 月 24 日，懿律奉命指挥英国鸦片走私趸船"威臣号"的船主巴厘在伶仃洋海面借口庆祝英王寿辰，"下令开炮若干发，……有一发或两发打中了中国的水师船"。这就是一次战争挑衅。当时中国正在收缴大量鸦片，准备焚毁，虽曾追查懿律，但未深究。

九龙海战是赖恩爵将军指挥的一次反抗英国殖民者的著名战役，取得了辉煌的胜利，是深圳历史上光辉的一页。这次战役是中国与英国殖民者在鸦片战争中的首次交战，它吹响了中国近代史上反帝反侵略的号角，揭开了中国近代史的序幕，占有重要的历史地位。在这场战斗中，大鹏营水师官兵表现出不畏强暴的英勇抗争精神，最终以少胜多、以弱胜强，沉重地打击了侵略者的嚣张气焰，充分显示了中国官兵保卫祖国领土主权的力量和必胜的信念。以赖恩爵为首的爱国官兵作为民族英雄而被载入史册，永垂不朽。

第六章　振威将军刘起龙

　　由于大鹏所城自明朝建城以来，一直是一处军事要塞，加上明朝的军事世袭制度的实行，因此城内的军士均世代从军习武。据说清朝嘉庆、道光年间，城内光是将军就有20多名。其中以福建水师提督刘起龙将军最为著名。

　　刘起龙将军，字振升，1772年生人。家境贫寒，行伍出身，生得壮实魁梧。熟知水性，驾舟操橹使舵，无不精通，航行海上如履平地，对水路风向暗礁浅滩，无不了如指掌。早年在大鹏营从军。据嘉庆《新安县志》记载："刘起龙，大鹏所城人，行伍，任崖州营参将。"初由大鹏营入伍，于嘉庆八年（1803）授平海营右哨把总，在九月大风夜，率25人巡逻小队，突袭在大鹏湾平洲岛的150多名倭寇，声东击西，英勇奋战，大部分倭寇被砍杀，只剩10多人乘船逃去。从此，倭寇闻其名便丧胆，刘起龙成为名噪一时的抗倭英雄，累功拔香山协右营千总。

由明入清后，深港地区海盗山贼更是层出不穷，据嘉庆《新安县志》可知："顺治二年十月十五日，海寇黎忠国、徐、郑、石、马等贼，两次游移流劫。""（顺治）四年，山寇陈耀破大鹏所城，贼首李万荣据城，罗钦赞盘踞梅沙、葵涌等处，四出流劫县属乡村。""康熙三年八月，抚目袁四都不遵入界，潜于官沥源为巢，四出流劫。""（康熙）十一年九月内，台湾巨逆李奇等率寇船流劫地方，游移蚝涌，登岸屠掠乡村。""（康熙）十五年，海贼自惠阳入寇，所过乡村尽行屠掠，遂据县城，次年始克恢复。""（康熙）十九年五月二十九日黎明，海寇突入西乡、大涌二处劫掠，至昼乃退。"……

深港地区海盗蜂起，撇开政治、经济因素不谈，仅从军事防御上来说，嘉庆初年的岭南沿海，"从来有海防而无海战"，其实，就连海防也形同虚设，成了十足的稻草人。官兵不习海战，盗寇海上逐潮。嘉庆年间，粤东吏治废弛，各府州县盗贼充斥，奸蠹横行，地方官因循怠玩，互相推诿，以至于深港地区成了"海盗巢穴"。在南海海面上活跃着一批打着红、黄、蓝、白、黑、青诸色旗号的海盗。清朝自顺治至嘉庆年间，著名盗魁则有黎忠国、李奇、郭婆带、邬石二、郑一、张保仔等。

陈伯陶纂修的《东莞县志》卷三十三载，嘉庆八年（1803），"海寇郭婆带、邬石二、郑一等流劫海洋，掠新安等乡"。邬石二，本名麦有金，蓝旗，安南（今越南）人，因国内政治斗争失败而入海为寇，甚为彪悍，其兄麦有贵、弟有吉附之，以海康附生黄鹤为谋士，与郑一、郭婆带并称南海三大海盗。后郭婆带等投降朝廷，邬石二仍横行海港。1809 年，中国发生历史上规模空前的粤洋海盗进犯广州事件。因为此时在两广地区活动的海盗里面的骨干分子，大多都曾经参与越南的西山农民起义，经过大规模战争的锤炼，他们完成了军事化和组织化的整编。西山政权覆灭之后，海盗们退回中国南海，按照旗帜的颜色统一分配各自的劫掠区域。有组织的海盗们实力大增，开始向过往船只强卖队旗，从事着打家劫舍、劫掠人口、勒索赎金的勾当。

嘉庆十五年（1810），海盗进逼广州，广东水师官兵进行了殊死抵抗。但此时海盗已经发展到了接近十万人的庞大规模，数倍于广州附近的官军，在所城粮仓的英烈碑上能看到，在 1810 年前后殉职的大鹏水师主将特别多，且多是兄终弟及、父子相承，满门忠烈。好在关键时刻，海盗之间发生内讧，郭婆带和张保仔先后请求招安。刘起龙等水师官兵乘机犁庭扫穴，平灭海盗，俘获战船18艘，海盗382人。刘起龙因生擒巨寇邬石二叙功，嘉庆十七年（1812）调升水师提标右营（新安营）守备，不久任东山营守备。嘉庆二十年（1815）调任硇州营守备，同年升为虎门水师中右营中军守备。嘉庆二十四年（1819）升崖山参将。道光三年（1823）调升南澳镇总兵，道光十年（1830），刘起龙在带领船队出海巡逻途中病逝，赐封振威将军。

道光六年（1826），刘起龙从南澳镇总兵的职务上升任福建水师提督。面对刘起龙，道光皇帝一开始还是对这次任命抱着犹豫和怀疑态度的。因为台湾被郑氏经营多年，情况复杂，人心不稳，福建水师提督不仅要负责东海洋面防务，而且要负责整顿台湾的政治和社会安宁。刘起龙面对这一挑战，事必躬亲，先后多次巡阅全台防务。经过对台湾基层的考察，刘起龙发现按惯例驻台部队的兵弁多是本地人，而中高级军官则都由大陆调任，且有不同的服务期，期满则力求调回大陆和家人团聚。这就造成了官不知兵，兵不服教的情况，而且部队和当地士民存在一定隔阂。面对这一情况，刘起龙一方面经军整武，淘汰疲弱，提拔精壮；另一方面从基层士兵、官吏和台湾本地勇武之士中间选拔军官。经此整顿，台湾防务大大加强。他的成绩也得到了朝廷的认可。

在清政府兴办新式海军之前，旧式水师的训练基本因循陆军操练之法，注重举石锁、队列行进、枪棒武艺的训练。因为传统的问题，水师官弁还要进行传统的骑射训练。毕竟在那个时代，"弓马娴熟"是考核武官技艺乃至勇气的标准。清朝中期以后，火器在海战中广泛运用。各色师船，乃至从民间征用的舢板、竹排，都安置了大小不一的火炮，火枪也逐步取代了弓箭。因此，火器使用，在水师训练中所占的比重越来越大。

刘起龙接任福建水师提督之后，一改往日积弊。从严校阅驻台部队，对驻台兵弁的刀牌、弓箭、枪炮、枪阵、游泳、操帆使舵等各项技能进行了全面考核，发现老弱者即刻开革，遇到武艺精熟的士兵破例提拔为把总、外委（把总）等正规武职。但是他考核的重点还是在军官身上。刘起龙在上任之初痛下决心，严格要求各营军官，怠惰者即刻除名或者降为士兵留用。经此大力整顿，台湾防军面貌为之一新。

道光九年（1829）冬，刘起龙入见道光皇帝，备荷恩宠。道光十年（1830）二月，于巡洋时卒于海上。根据他生前心愿，遗体运回家乡安葬。道光皇帝"钦赐御葬"，并亲笔撰写《御祭文》。生前好友福建水师提督陈化成书写"古之遗爱"悼之。

刘起龙将军一生致力于巡洋缉盗，保护沿海人民生命财产安全，凭着他的机智勇敢，屡立战功，在抗御与平定倭寇、保护我国东南海疆的"前后十八战"中战功卓著。且他为官清廉，体恤部下，关心家乡老百姓的生活，虽地位显赫却不居功自傲，深得将士及古城人民的敬仰。

刘起龙大事记

序号	年份	年号	内容
1	1772	乾隆三十七年	出生。字振升。汉族客家人
2	1803	嘉庆八年	授平海营右哨把总
3	1810	嘉庆十五年	保卫广州、平灭海盗、生擒巨寇鄢石二
4	1812	嘉庆十七年	因功升新安营守备，后任东山营守备
5	1815	嘉庆二十年	调任碙州营守备，又迁虎门水师中右营中军守备
6	1819	嘉庆二十四年	升崖山参将
7	1823	道光三年	升南澳镇总兵
8	1826	道光六年	升任福建水师提督
9	1829	道光九年	觐见道光皇帝
10	1830	道光十年	率水师出洋巡逻，以身殉职

道光皇帝为刘起龙亲笔撰写《御祭文》，赞曰："尔刘起龙，性行纯良，才能称职。方冀遐龄，忽闻长逝，朕用悼焉。特颁祭典，以慰幽魂！"

第七章　大鹏所城与鸦片战争

一、大鹏所城的建置

大鹏所城是抗倭防盗的产物。明朝洪武元年（1368），朱元璋初定天下，沿海寇患频繁。为抵御海盗的侵扰，明朝廷命沿海要冲建立守御千户所。洪武二十七年（1394），广州左卫千户张斌奉命建筑东莞守御千户所和大鹏守御千户所。其时，这两座所城均隶属（位于东莞县内的）南海卫。这两座军事官署的管辖范围，东莞所城为现今深圳市西部（接虎门），大鹏所城为深圳东部及香港地区。

清朝初年，以李万荣为首的抗清队伍攻陷大鹏所城，占据 10 年之久。李万荣投降后，新安县知县傅尔植改设大鹏所防守营，并设守备和把总各 1 员，官兵增至 500 名。

清顺治十八年（1661）至康熙五年（1666），清朝廷为防范沿海居民接应郑成功反清复明势力，下令沿海地区居民内迁，新安县被迁三分之二，其中香港地区全部被迁，土地荒芜。因此，将大鹏所防守营并入惠州协，归惠州协副将管辖。康熙二十二年（1683），占据台湾的郑成功反清势力投降，清朝廷撤销迁海禁令，恢复海上交通贸易。朝廷为了增强沿海防卫力量，于康熙四十三年（1704），将大鹏所防守营提升为大鹏水师营，增添游击1员，中军守备1员，额设左右哨把总4员，外委7名，兵员增加到931名，管辖现今深圳东部的盐田、上峒、关湖、下沙、老大鹏五个塘汛和香港地区的红香炉汛（香港岛）、九龙汛、东涌口汛及沱泞炮台、大屿山炮台、佛堂门炮台（炮8位，营房15间），共有大炮168门。

清雍正四年（1726）裁撤游击，改设参将1员，改设外委、千把总7员，改隶广东水陆提标统辖。至嘉庆十五年（1810），水陆区分，广东增设水师提督，驻扎虎门，大鹏为外海水师营，归虎门水师提督管辖，兵额800名。

大鹏所城内陆续建有县丞署、参将署、军装局、火药局、大鹏所屯仓、天后庙、关帝庙、赵公祠、华光祠、晏公祠和鸦片战争前后建成的福建水师提督刘起龙将军第、广东水师提督赖恩爵将军第等。

二、鸦片战争前夕大鹏营的军事布防

以大鹏所城为基地的大鹏营，是清朝镇守今深港地区的重要海防军事力量。它扼守通向广州的珠江口岸，是打击鸦片走私的要冲。随着鸦片走私的猖獗，英军的不断挑衅，其战略地位不断加强。

自清道光初年以来，英国鸦片走私日盛，1837年7月，给事中黎攀镠奏称："英吉利国有趸船十余只，自道光元年起，每年四五月，即入急水门，九月后仍回伶仃洋。……鸦片之入口，纹银之出口，恃趸船为逋逃渊薮。"英国鸦片走私船运载烟土停泊在伶仃洋面的老万山、大屿山等地。另设舟囤积，称为鸦片趸船（每1680斤为一趸，约300趸为一船，故名趸船）。趸船由英国兵船护货。鸦片走私，全恃沿海内地游手走私奸民，为之载棹入口，运输内地。他们以开设钱庄为名，暗中包售烟土，称为"大窑口"，如广州十三行联兴街多有此类店，奸商到店与外商议价，写出字据，然后到趸船提货。①

清朝廷对鸦片流入，祸害中国人民，例有明禁。道光九年（1829）朝廷责令两广总督李鸿宾严行筹禁鸦片，规定："凡夷船来粤贸易，停泊黄埔，即令夷商写立并无夹带鸦片字据，交洋行保商加结，复由洋商输查无异，方准开舱起货。如夹带鸦片，即将该夷船驱逐出口，永远不准来粤贸易。倘有任令夷人带鸦片入口，即将该洋商等照例治罪。"然而，英人无视中国法律，走私鸦片有恃无恐。

两广总督为加强防务，查禁鸦片走私，进一步加强沿海各防地的军事力量。大鹏水师营防地处鸦片走私之要冲，据《道光通志》记载："东至归善县（惠阳）岭凹村，陆路三十里；西至新安县独树村，陆路九十五里；南到外洋，北至归善西乡凹，陆路三里，防所炮六十八门，大小熟铁炮一百位。"

东涌寨城位于大屿山北端中部的下岭皮村，面对屯门。其前身为东涌口汛。清嘉庆二十二年（1817）建寨城，清道光阮元《广东通志》载："新安县属大屿山，孤悬海外，四面皆水，为各夷船必经之处。内

---

① 王雪岩、翁松龄，《大鹏所城》，1998 年 7 月。

惟大澳口、东涌口二处可以收泊。……嘉庆二十二年，总督蒋攸铦、阮元先后题准部咨、委候补知府彭昭麟，会同新安县，于东涌口建汛房八间，又于东涌口石狮山脚，建炮台二座，兵房七间，火药局一间。"寨城长约 76 米、宽约 80 米，围墙高约 3 米。寨城只辟三门，东"接秀"、西"联庚"、南（正门）"拱宸"。寨城现今仍然保存完好。

鸦片战争前夕，东涌寨城仍由大鹏水师右营守务驻守，下属千总 2 员，把总 3 员，外委 7 员及额外外委 4 员，驻房兵丁共 630 名，分防 16 处营汛。

道光十九年（1839），因英国挑起事端，发生了鸦片战争的前哨战——九龙海战和官涌之战，形势极为严峻。林则徐为加强防务，于道光二十年（1840）将大鹏营改升为协，统率左、右两营。增设副将 1 名驻防九龙，都司 1 名，兼管左营，驻守大鹏。左营添设把总、外委、额外外委各 2 名，守兵 209 名。大鹏协所辖台汛，在原有基础上，左营增设尖沙咀炮台，配千总、额外外委各 1 名，兵 130 名驻防。右营增设官涌炮台，配把总 1 名，兵 75 名驻防。此外，红香炉汛除原有巡洋兵丁、米艇外，另增外委 1 名，兵 15 名驻守。

此外，大鹏协还加强海上巡逻，抽调左、右两营船只和官兵，组成"巡洋船艇队"。除原有的大小米艇6只、捞罾船3只外，另添米艇4只，左右营各半，调拨千总、把总各1名，外委2名，兵204名分派各艇。另又添快船2只，以额外外委2名、兵56名分驾二快船。

从以上大鹏协水师左、右两营的布防可以看出大鹏协的军事地位之重要。在鸦片战争初期，英国侵略者在尖沙咀洋面多次受挫，大鹏协所辖的军事设施发挥了重要的作用。

三、大鹏营在鸦片战争中的作用

鸦片战争，实际上是从大鹏营英勇抗击英军侵略开始打响。大鹏营取得九龙海战和官涌之战的胜利，为保卫今香港地区立下了卓著功勋，是鸦片战争史上辉煌的一页，充分显示出中国人民的意志和力量。

鸦片大量输入，给中国人民造成严重的危害。在清朝廷的严禁派与弛禁派经过从1836年开始的数年辩论之后，道光皇帝倾向禁烟，并于1838年12月31日任命林则徐为钦差大臣到广东查禁鸦片。1839年6月3日至25日，钦差大臣林则徐率中国官兵，在虎门销毁了英、美等国不法商人的鸦片 2376254 斤。然而，英国殖民者并不放弃鸦片走私。1839 年 5 月下旬，英国驻华商务监督义律命英商撤至澳门，同时大批英国鸦片走私船继续盘踞香港洋面，伺机出售鸦片。1839 年 "林维喜事件" 发生后，义律拒不交凶。林则徐对义律破坏具结、拒不交凶的罪行做了近两个月的外交斗争，并发布了《严禁本地民人与外非法往来交易并勒令义律交凶告示》。派大鹏营水师船分别设站警戒尖沙咀，阻止并捉拿来自各港湾售食物给夷人之所有办艇，严禁近海店铺民人与夷人暗中交易，严禁为英船引水。林则徐并谕令全澳门驱逐英国人出境，迫使英商全部撤退到尖沙咀的货船及潭仔空趸船上寄住。

1839 年 8 月 31 日，英国军舰 "窝拉疑号" 从印度驶抵香港，义律有了援兵，恃强逞凶，气焰十分嚣张，不断挑衅。9 月 4 日，义律与 "窝拉疑号" 兵舰舰长乘坐 "路易莎号"，率领 "珍珠号" 等 5 艘大小武装船只开往九龙炮台附近海面，于下午 2 时 30 分向在该处的大鹏营水师兵船发动突然袭击。当时驻守在九龙炮台的大鹏营参将赖恩爵见英夷来势凶猛，亟挥令各船，及炮台官兵，对敌施放大炮，击翻双桅夷船一只，船在漩涡中滚转，夷人纷纷落水。据新安县知县梁星源打扫战场后禀报：查夷人捞起尸首就近掩埋者，已有 17 具。又渔舟叠见夷尸随潮漂淌，英船船主手腕被炮打断。此外，夷人受伤者，尤不胜计。9 月 12 日，英"丹时那"趸船与守备黄琮遭遇，被黄琮等先掷火斗火罐，将其烧毁。

大鹏营参将赖恩爵在九龙海战中率领将士们英勇御敌，挫败了英国侵略者的嚣张气焰，大长了中国人民的志气，得到了道光皇帝的嘉奖。赖恩爵是新安县大鹏所城人氏，其父赖英扬，曾任浙江定海镇总兵，叔父赖信扬，行伍出身，历任福建水师提督。赖恩爵少时随父出任阳江，九龙海战后著赏"呼尔察图巴图鲁"名号，赏戴红顶花翎，升副将。官涌之战后，粤督上奏称赖恩爵于外洋情形最熟，其营迫近香港，经理弹压轻重得宜，于是皇帝授其为南澳镇总兵。1843 年升广东水师提督，1849 年卒于任上。

九龙海战后 2 个月，英国殖民者又挑起了穿鼻之战和官涌之战。1839 年 11 月 3 日，发生在穿鼻洋面的战斗，广东水师提督关天培亲身挺立桅前督阵，对准英船"士密号"连轰数炮，将其头鼻打断，船头之人，纷纷滚跌入海，"接仗约一时之久，'士密'船上帆斜旗落，且御且逃，'华伦'亦随同遁去"。

穿鼻之战后，中英双方在官涌前后共爆发了 6 次的战斗。官涌山位于"尖沙咀迤北，有山梁一座，名曰官涌，恰当夷船脊背之上，俯攻最为得力"。尖沙咀洋面是英国鸦片趸船和兵舰聚泊之地。九龙海战后，林则徐为加强防务，增建尖沙咀炮台和官涌炮台。穿鼻之战刚结束，林则徐命将士在官涌山修筑工事，以"固垒深沟，相机剿办"迎战英军。从 1839 年 11 月 4 日至 13 日，英军先后 6 次进攻官涌山清军阵地。中英双方在官涌山战斗了 10 天，皆以清军获胜而告终。英国侵略者争夺官涌山这座战略要地，目的在于控制尖沙咀洋面，停泊船只，据为巢穴。然而久攻不下，连遭失败，结果得到"于澳门既不能陆居，于尖沙咀又不能水处"，不得不在外洋"四散寄泊"的狼狈下场。

九龙海战，是鸦片战争的爆发点，一般说来，中英第一次鸦片战争就是从这次海战开始的。在这一仗中，英国殖民者以蛮横无理的突然袭击的方式，首先挑起战争，但在大鹏营参将赖恩爵率领将士们英勇奋战下，英军遭到了惨重的失败。

诚然，英国的坚船利炮确实给我们带来了极大的威胁，"夷船受伤，只在舱面，……虽然炮亦不能穿透"，"大鹏营一千斤大炮，放至第四出，铁热火猛，偶一炸裂，致毙顺德协兵丁二名"。对此，林则徐有清醒的认识，提出"以夷制夷"，"师夷之长，攻夷之短"的方针。他意识到，英国侵略者必然会再发动新的军事挑衅，我方应积极备战，采取"以守为攻，以逸待劳"的策略，在军事上：充实广东水师的力量，提高战斗力；添建尖沙咀、官涌炮台；购置外国船炮。由于林则徐的正确对策和充分准备，英国侵略者在九龙、穿鼻、官涌几次战役中接连遭受重创，最后不得不放弃广东，移师北上。

四、鸦片战争后的大鹏协

1842 年，清政府于鸦片战争中失败，英国强逼清政府签订了中英《南京条约》。香港岛被英国割占后，大鹏协的战略地位更为重要，清朝廷遂于道光二十六年（1846）议定建造九龙寨城。九龙寨城前身为九龙炮台，"嘉庆十五年（1810），提督臣钱梦虎议将县属佛堂门炮台移建于九龙寨，总督臣百龄行令新安县劝捐建筑"。寨城在原有炮台的基础上修筑城墙。道光二十七年（1847）建成，占地面积 70 余亩。

九龙寨城建成后，大鹏协副将移驻城内衙门。其时，大鹏协仍辖左、右两营。

咸丰十年（1860），清政府于第二次鸦片战争中失败，签订《中英北京条约》，九龙半岛南部被英国割占，在割占区域内原属大鹏协所辖的台汛因此废置。

同治八年（1869），大鹏协左营实存兵丁430名，右营实存兵丁320名。

光绪二十四年（1898），中英签订《展拓香港界址专条》。英国人强行租借深圳河以南地区及离岛，大鹏协所辖寨、城、汛、台，除左营本部大鹏所城及盐田、老大鹏汛外，其余全属英租界内，故被裁撤。《展拓香港界址专条》中有"……所有现在九龙城内驻扎之中国官员，仍可在城内各司其事。……至九龙通向新安陆路，中国官民照常行走……仍留附近九龙城原旧码头一区，以便中国兵、商各船、渡艇任便往来停泊，且便城内官民任便行走"的相关条款文字。英军接管新界时，激起元朗、锦田、深圳等地乡民奋起反抗，英国政府以清政府官员协助不力，并以九龙城、深圳对香港和新界租地防务不利为借口，于1899年5月15日出兵占领了深圳和九龙城，将九龙城官兵驱逐出境。清政府经过近半年的外交斗争，加之深圳、东莞人民的英勇反抗，英军才撤出深圳，但仍拒不交还九龙城。大鹏协失去了在香港地区的最后一块阵地。随着大鹏协两水师营的主要海防设施被迫裁撤，大鹏所城作为防御外国侵略军事重镇的战略地位从此陨落。

明洪武二十七年（1394）为抗倭防盗而开始营建的大鹏守御千户所城，历明、清两代，至清光绪二十五年（1899）被裁撤。在鸦片战争前后60年，大鹏所城战略地位日益提高，军事级别由所而营而协，成为抗击英国殖民者蚕食香港、九龙、新界的战斗堡垒，伴随大鹏经历了战斗洗礼的最光辉的时代之一，又是香港地区分三次被英国割占的历史见证者。大鹏所城后期的兴衰，与鸦片战争由胜利走向失败相始终。大鹏所城是清政府国运兴衰的缩影，又是中国沦为半殖民地的历史见证。因此，研究鸦片战争与香港，大鹏所城有不可忽视的历史地位。英国殖民者发动鸦片战争的重要目的，就是要占据香港地区，作为他们从政治、经济和军事上侵略中国的桥头堡。在鸦片战争初期，大鹏所城军民同仇敌忾，抵御外侮，连战告捷，大长中国人民的志气。但因清王朝封建统治的腐朽，政治上采取投降路线，经济上和军事上贫穷落后，面对船坚炮利的西方殖民者，被动挨打，如卵击石，终在鸦片战争中节节败退，割地赔款。这是历史的悲剧。而我们却不能忘记大鹏所城军民在历史上曾扮演过的威武雄壮的英雄角色。

第八章　大鹏所城文物古迹

一、建筑遗存遗址

大鹏所城自建城以来，曾多次修葺，但终因年深日久，日渐衰败，城楼、城墙等在 20 世纪 50 到 90 年代被毁坏严重，一部分古迹荡然无存，只剩下残垣断壁。现大鹏所城除北门在万历年间被堵塞外，尚保留有东、南、西三门及东北部分城墙。1984 年深圳市政府拨款 20 万元，维修大鹏所城南门和东门。如今人们可一览明朝边城的雄姿，但旧城壕及大部分城墙已不复存在。

大鹏所城虽被严重破坏，但残存的建筑遗址仍然展现了古城雄姿，彰显了它的文物、旅游等价值。这些建筑遗址包括以下各项：

1.南门楼

始建于明朝，坐北朝南，面阔 25 米，进深 12

米，占地面积约 300 平方米，通高 11 米。勒脚砌墙、结拱起券的方法集中体现了其作为军事卫所城池的特殊构造和工艺，是所城格局的重要组成部分。城门洞由内、外两道门组成，呈凸字形。内门在门道前后两部分的交接处，由向内而开的两扇门扉组成，宽 3.45 米，拱高 2.6 米（从现有地面算起，下同）；外门为上下起落的闸门，现已被填死，宽 2.7 米，拱高 2.1 米。门道地面用花岗岩石板铺设，顶部用平砖和楔形砖以三顺三丁的纵连砌法结拱起券。内外墙面为城砖包砌，以花岗岩条石作墙基，墙内夯土填芯。门楼为 1998 年深圳市文管办对其进行的复建，同时对城台进行了全面修复。现由大鹏古城博物馆布置"大鹏所城复原模型沙盘展"供游客参观。

2. 北门楼

始建于明朝，坐南朝北。明万历年间被堵塞。清朝北门内曾设有文庙、武庙、关帝庙、火药局、大夫第等，现保存有北门遗址群。城门、城墙及城楼为近年新建。

3. 东门楼

始建于明朝，坐西朝东，面阔 25.2 米，进深 11.4 米，占地面积约 288 平方米，通高 11 米。结拱起券、

北门楼

东门楼

闸门安置的方法集中体现了其作为军事卫所城池的特殊构造和工艺，是所城格局的重要组成部分。城门洞由内、外门组成，呈凸字形。内门宽 4.1 米，拱高 4 米，外门宽 2.6 米，拱高 2.63 米。内外墙面为城砖包砌，以花岗岩条石作墙基，墙内夯土填芯。城墙上设有雉堞，内设女墙。1998 年深圳市文管办对城楼进行修复，为砖木结构，抬梁穿斗式木作梁架，硬山顶，阴阳瓦屋面。现由深圳市大鹏新区鹏城社区管理和利用。

4. 西门楼

始建于明朝，坐东朝西，面阔 17.7 米，进深 10.3 米，占地面积约 180 平方米，通高 4.4 米。结拱起券、闸门安置的方法集中体现了其作为军事卫所城池的特殊构造和工艺，是所城格局的重要组成部分。城门洞由内、外门组成，呈凸字形。内门宽 3.8 米，拱高 3.7 米，外门宽 2.4 米，拱高 2.5 米（从现存地面起算）。内外墙面为城砖包砌，以花岗岩条石作墙基，墙内夯土填芯。城墙上设有雉堞，内设女墙。1998 年深圳市文管办对城门楼进行复建，为砖木结构，抬梁穿斗式木作梁架，硬山顶，阴阳瓦屋面。城门楼历经多次战火和风雨侵蚀，曾多次修葺。

5. 校场

校场是古时操练或比武的场地。大鹏所城有东、西两个校场。大鹏所城建成后，为了提高驻防将士们的战斗水平和作战能力，遂在城东数百米处的龙头山下开辟了一个面积数十亩的演武场——俗称"东校场"。

至清康熙三年（1664），大鹏营增驻官兵500名，改"城守备"为"中军守备"，统率全营布防。这样一来，所有官兵在东校场练兵，就很拥挤了。康熙十年（1671），大鹏营中军守备马玉成在大鹏所城东南方的大亚湾海滨又开辟了一个面积与东校场相近的演武场，俗称"西校场"。

这两个校场一直使用至清末才废，为提高当时边防官兵的素质起到了积极的作用。

6. 烟墩

烟墩多建于边界高山险要之处，通常由土或山石垒成，用于点燃烟火传递重要消息，为古代的军事报警系统。如遇有敌情发生，则白天燃烟，夜间点火，台台相连。在大鹏所城四周地势险要之处分布的各烟墩，与所城共同组成一个完整的军事防御体系。

1984年，深圳市政府在第一次文物普查中，发现了境内的牛湾（鳌湾）、伏涌、叠福、野牛、大湾、水头 6 个烟墩。2008 年 3 月，第三次全国文物普查，又在大梅沙西侧的梅沙尖首次发现了藏在深山中的盐田烟墩，为明朝嘉靖年间重要的海防遗迹，文物价值很高。这 7 座明朝烟墩中，分布于大鹏境内的有：

（1）野牛墩

野牛墩，又名"野牛烽堠"，位于大鹏镇岭澳村濒海的山岗上，可俯瞰大亚湾龙岐澳的入口。明崇祯十五年（1642）置。墩台仅存一墩，呈方斗形，用石头垒砌，残损严重。修建大亚湾核电站时，划为禁区，岭澳村整体迁移到大鹏镇。

（2）大湾墩

大湾墩，又名"大坑烟墩""烟墩山""大坑烽堠"。位于大鹏镇大坑村南濒海高约 100 米的山岗上。明崇祯十五年（1642）置，是现保存较好的一个烟墩遗址。它南临大亚湾龙岐澳，可俯瞰整个龙岐澳。修建大亚湾核电站时，划为禁地，大坑村整体迁移到大鹏镇。后来广东核电总公司在山岗上修建休闲阁亭，烟墩被毁。

（3）水头墩

水头墩，位于大鹏新区南澳街道水头沙社区

英管岭山顶上，又称"水头烽堠"。明崇祯十五年
（1642）置。烟墩东西排列，长约20米，南北宽9
米，占地面积约180平方米。烟墩一共4个，一大三
小，三小墩呈"一"字形排列。墩台呈圆斗形，大烟
墩底部直径约6米，小烟墩直径约1米，均用山石垒
砌而成。烟墩砌筑于高约350米的山头上，可观察整
个大鹏湾海面。2012年1月13日，被深圳市龙岗区
人民政府公布为不可移动文物。

（4）叠福墩

叠福墩，亦名"叠福烽堠"，位于大鹏镇叠福村
北的求水岭山上，由一个大瞭望墩和三个小烟墩组
成。明崇祯十五年（1642）置。墩台呈方斗形，用石
头垒砌，筑在高约250米的山头上，可观察整个大鹏
湾洋面，王母、葵涌等地在其俯瞰之下。

（5）盐田墩

盐田墩，位于大梅沙西侧的梅沙尖，由6座石砌
墩台组成，均呈覆斗形。最大的一个主墩台底座呈正
方形，底座的一边达6.3米，顶部的一边有5.83米，
石头墙的厚度近1米，高2.2米。大墩台的南侧3米
左右，有5座比较小的附属墩台从东至西呈"一"字
形排列，其中最东侧的墩台与其他墩台的间距稍大一

些，有 3 米。其余的每个墩台之间的间距为 1.9 米，墩台的长和宽基本上都是 1.6 米。

盐田墩设立的具体年代尚无法考证。但至少在嘉靖十四年（1535）之前，戴璟《广东通志初稿》就已有明确记载。当时盐田隶属大鹏守御千户所，防守旗军则来自东莞所城。但在以后的地方文献中时无时有，到康熙七年（1668）展界，新安沿边奉设墩台 21 座，其中有盐田墩台一座。同时还有大梅沙、小梅沙墩台各一座。康熙二十七年（1688）编撰县志时，大小梅沙墩台被改作瞭望台，盐田墩台仍在。嘉庆二十四年（1819），盐田墩台、大小梅沙瞭望台俱废弃不用。由此变迁过程可见，盐田墩台一直是附近地区军事设施的中心，而大小梅沙墩台和瞭望台存在时间都很短。据此推断现存形制完整的烟墩应该是盐田墩台，属明朝遗存。

盐田墩地处山间，视野开阔，西可俯瞰盐田港口，东可眺望大梅沙海滨，是目前深圳发现的近 10 座烟墩中形制最完整、保存最好的一座，更是目前所知我国沿海的数百座烟墩中六座石砌主附墩台俱存、形制具备完整、保存最好的一座，为进行古代海防史和烟墩遗迹研究提供了新资料。目前该烟墩已经部分残损，大部分被萋萋荒草所覆盖，应尽快对其进行专业的保护，以更好地利用这一深圳海洋文化的历史地标。

此外，《新安县志》记载的还有深圳墩、五通岭墩、大梅沙墩、小梅沙墩等 4 座烟墩，惜已不存。

到清朝，有些明朝烟墩被继承，有些则是新建的。据康熙《新安县志·兵刑志》载，新安沿边奉设墩台 21 座。其中新安营汛地共有墩台 13 座，大鹏汛地共有墩台 8 座。后来一些墩台被改作瞭望台，只有盐田墩台保留下来，并于 2008 年被发现。

7. 大鹏古桥

大鹏所城临海，港湾、河道不少，必须依靠桥梁往来，古桥成为古城重要的历史遗物遗存。以下 5 座古桥甚有历史文物和旅游价值。

（1）荣荫桥

位于大鹏所城东面的三角潭畔、较场尾村旁，距大亚湾海数百米。此桥宽 2 米，长约 10 米，距今已有 200 多年的历史。据嘉庆《新安县志·建置略》记载："荣荫桥，在大鹏所城东，嘉庆十年（1805）建。"此桥首尾皆有一个呈半月形的引桥，中间有两个橄榄形、高盈丈的桥墩。桥面分为三段，每段均架四条尺余宽、近两丈的花岗岩条石，引桥、桥墩皆是花岗岩石砌成。

荣荫桥不但可以行人，而且车马亦畅通无阻。清朝时，大鹏所城防守营之将士，朝夕必跨此桥到东、西校场操练。据民间传说，经此桥出行，万事无有不顺，反映了人们追求平安的愿望。

（2）登云桥

登云桥，位于鹏城村西侧，宽约 3 米，长近 10 米，由花岗岩条石构成，建于清朝。嘉庆《新安县志》载："登云桥，在大鹏所城西，嘉庆二十二年（1817）县丞余鸣九、守备张清亮倡建。"

相传这座桥的修建，与清朝振威将军刘起龙有关。有一年，刘起龙将军打算回乡省亲拜祖。新安县丞余鸣九、守备张清亮闻此，便事先来鹏城村安排张罗、看路查桥。为了便于刘起龙将军的车马通行，他们决定将大鹏所城西门外的简陋木桥改建成一座牢固宽阔的石桥。他们征用民夫几百人，晓夜建桥，在河中间用大花岗岩条石砌成橄榄形的桥墩，两岸亦用块石砌成桥墩。余鸣九、张清亮将之命名为"登云桥"，寓刘起龙将军"飞黄腾达"之意。后来，刘起龙将军返乡，见这座桥这样好，心中非常高兴，对这两位官员十分赞赏。据民间传说，只要走过此桥，必将会有"好运"来临，寄托了人们的美好愿望。"登云桥"古迹至今犹存，成为当地一个亮丽的古建筑景观。

（3）官坑桥

位于大鹏所城北、九顿山南麓的小溪之上。冬天小溪常干涸，当时当地人称之为"旱坑"，方言读如"干坑"，后人则改称"官坑"。官坑桥为东西走向的单孔石板桥，两岸各置高丈许桥墩一个。桥面长4米，宽2米，占地面积约10平方米，由四条青麻石组成。该桥虽然现已荒废，但保存完好。2012年1月13日被深圳市龙岗区人民政府公布为不可移动文物。

（4）西坑桥

西坑桥，据嘉庆《新安县志》载："西坑桥，在大鹏所城西门外。"乾隆三十六年（1771）建。

（5）福隆桥

位于大鹏所城的西北面，嘉庆《新安县志》记载："福隆桥，在大鹏西北，土名黄泥潭，嘉庆十六年（1811）监生王广勋建。"此桥因现在修有公路，行人较少。但桥碑至今保存完好，其高172厘米，宽70厘米，厚28厘米。此桥至今已有200多年的历史，具有一定的历史文化价值。

二、衙署遗存

衙署，为中国古代官吏办理公务的处所。据嘉庆《新安县志》记载，大鹏所城内部建有多个防守配套设施，包括协台衙门、县丞署、参将署、守备署、火药局、军装局、大鹏仓大使署、赵公祠等，兹列如次：

1. 协台衙门遗址

位于大鹏所城十字街口的东北，占地面积不详，为所城最高指挥机构。道光二十年（1840），林则徐奏请将大鹏营改为大鹏协，统率左右二营。道光二十七年（1847）九龙寨城建成，大鹏协副将移驻九龙寨城，统辖左右二营，大鹏所城内的协台衙门从此废弃。

2. 县丞署遗址

县丞署，又称左堂署，是类似于县府衙门的军事办公场所。位于大鹏所城内，在参将署之前，大鹏粮仓的南面。嘉庆《新安县志》载："县丞署，在大鹏所城。"县丞，即左堂，为正八品文官，隶属正堂（县令）管辖。县丞署设在大鹏所城，负责管辖大鹏半岛沿海近百个村庄，兼管大鹏协军粮。

县丞署在"文革"中被拆除。现遗址上尚存几座所城官员的雕塑、左堂古井等，供后人观瞻，追忆当年海防和屯田风貌。

3. 参将署遗址

参将署，雍正三年（1725）建。嘉庆《新安县志》："大鹏参将署，在大鹏所城内。"参将署位于所城正街2号（含4号民宅），在赵公祠旁。通面阔10米，通进深13.4米，占地面积134平方米。现为2层建筑，其平面形状为纵向矩形，一进一天井，自前向后依次为堂屋、厢房及天井，为砖、木混合结构。硬山顶，小式飞带垂脊，灰色堆瓦。室内2层，格局低

县丞署

矮，以木梯相通，地方狭小。民国年间修复为民宅，保存较好。2014年，该遗址被大鹏新区公共事业局公布为第一批大鹏新区不可移动文物之一。

4. 守备署遗址

守备署，雍正三年（1725）建。嘉庆《新安县志》载："大鹏守备署，在大鹏所城内。"

5. 火药局遗址

火药局，雍正年间建，嘉庆二十三年（1818）重修。曾为鹏城小学课室，实现了功能置换。

6. 军装局遗址

军装局，雍正年间建，乾隆五十六年（1791）重修。位于大鹏所城内西南十字街北。十字街南为西南福德祠。现已改建民居，不复有军装局的规模和氛围。

7. 大鹏仓大使署遗址

大鹏所城作为军事要塞，一直以来设置有囤放军粮的粮仓，并设有专员管理。嘉庆《新安县志》载："大鹏仓大使署，在大鹏所城内，与永盈大使同设，崇祯十五年（1642）裁汰，久废。"大鹏仓，位于所城内的凤凰广场南侧，是古代囤放军粮的粮仓。明正统元年（1436）以来代有变迁，规模缩盈不定。现大

大鹏粮仓

鹏粮仓为20世纪50年代末期人民公社在大鹏仓原址上大规模扩建而成，现已失去存储粮食的作用，其中一半修建成商铺，一半辟为博物馆，包括独木舟博物馆、古代兵器展、建筑艺术展、非遗民俗展、书画摄影展等，供游客参观。

大鹏粮仓背后空地的一侧有一个纪念墙，是用木栅栏组成的"鹏城英烈榜"，上面收录了在明清两代为守卫这座海防军事要塞而献身的官兵姓名。其前言云："六百年前在大亚湾畔崛起的这座'大鹏所城'是我国南部的海防军事重镇。明清两朝大鹏所城官兵屯田守城、巡海缉盗，守卫着南中国海的门户，涌现出无数英雄儿女。在此仅辑录部分，以作纪念。"

8. 赵公祠遗址

赵公祠，当地又称"大衙门"或"督府"，位于大鹏所城南门街北端，关帝庙之前，参将署之后。晚清、民国作为"赵公书院"，为培养人才之地。嘉庆《新安县志》中的大鹏所城地图上已标有"赵公祠"，说明其最晚应建于清嘉庆二十四年（1819）之前。

现存建筑坐北朝南，面宽约17米，进深约28米，占地面积约160平方米。平面布局为三开间两进一天井结构，有前庭。该祠是大鹏所城唯一的大式飞带建筑，属祠庙式格局。建筑特征为条石基，青砖墙，木构架，灰瓦面，硬山顶。船形正脊，脊饰风化严重，多处破损，两边大式飞带垂脊花纹也严重风化，模糊不清。这是一座清朝早期的衙署式建筑，后来被改造成祠堂庙宇。

三、神明崇拜建筑

大鹏所城的军士来自全国各地，不仅带来了不同的语言、风俗和习惯，也带来了各种不同的信仰。他们信奉的对象既有自然神，也有人神；既有祖灵崇拜，也有神佛崇拜；既有行业崇拜，也有巫占崇拜，形成了一个庞杂的、多神共存的信仰体系，体现了所城开放、包容的海洋文化品格。大鹏所城庙宇众多，遍及城内外，主要有天后宫、城隍庙、侯王庙、关帝庙、华光庙、伯公庙、谭公庙、水神庙、东山寺、文庙以及"路步三郎"露天神坛等，既有古建筑价值，也有文化鉴赏、旅游观光、风俗活动等意义。

1. 天后宫

位于大鹏所城西门正街，始建于明永乐年间，历代多次修葺，香火不断，是祭祀海上保护神——妈祖的庙宇。天后宫是大鹏所城内最重要的庙宇之一。凡渔民出海或海军出师，必先来天后宫进香，以大礼祷神庇佑。"具太牢，祭于海岸沙上，故曰：'辞沙'。太牢去肉留皮，以草实之，祭毕沉于海。"并且在"每岁春秋二仲月上癸日"，大鹏所城的官民还在天后宫举行祀典。嘉庆《新安县志》收录了祀典祝文：

天后宫

"维后配天立极，护国征祥。河清海晏，物阜民康。保安斯土，福庇无疆。千秋巩固，万载灵长。神恩思报，圣泽难忘。虔修祀事，恭荐馨香。士民一德，俎豆同堂。仰惟昭格，鉴此蒸尝。尚飨！"

600多年来，所城天后宫香火一直非常旺盛。每年农历三月二十三妈祖诞，及每隔5年隆重举办一次的"打醮"活动，拜祭者人山人海。相传清朝名将刘起龙和赖恩爵以及大鹏营的参将、守备、千总等军官常到天后宫拜祭，可想见当年将士出征前所城内的庄严磅礴之势。

"文革"期间，天后宫被夷为平地，只存一块

"天后宫"的石匾和一对宫联条石。

现在的天后宫为 1990 年鹏城村村民及香港同胞、海外华侨集资于原址重建。重建的天后宫位于高台之上，有十三级台阶。按原坐北朝南的方位，平面布局为三开两进，面宽 12 米，进深 23.3 米，占地面积约 280 平方米。其形制结构装饰皆按潮汕风格。

大鹏天后宫对深圳民俗文化的研究有重要价值。省级非物质文化遗产"大鹏追念英烈习俗"每 5 年在此隆重举办一次的"打醮"活动，具有爱国主义教育和社会主义精神文化建设的积极意义。

2. 城隍庙遗址

城隍，又称城隍爷，为儒教《周官》八神之一，也是中国民间和道教信奉守护城池之神，乃主管生人亡灵、奖善罚恶、生死祸福、增进幸福利益等之司法神。城隍庙位于大鹏所城南门内东侧，现已倾圮。嘉庆《新安县志》记曰："每岁春秋二仲月上戊日，有司致祭，与风云雷雨山川同坛。"

3. 侯王古庙

侯王古庙位于大鹏所城的东南部，赖府巷北侧，东城巷 1 号，在县丞署旁边，原为拜祭晏公的庙宇，清末成为祭祀汉朝良将张良的传统建筑。

　　侯王古庙始建年代不详，现存建筑为清朝重修。坐北朝南，面宽9.2米，进深17.6米，占地面积约160平方米，原为二进一天井三开间两过廊的庙宇式建筑。庙门的花岗岩石联尚完整，上阴刻楷书"灭项兴刘多妙计，庇民护国著奇功"。庙门前置一花岗岩石匾，长1.8米、宽0.67米，上书大楷阴文"侯王古庙"四字，边雕忍冬花纹，上行正中有一金钱眼。建筑特征为条石基，硬山顶，堆瓦屋面。后来遭人拆改，原门洞被封堵，天井被填塞，平面布局也被改得面目全非，现已濒危，但石柱等下部建筑基础格局仍保存完好。2015年，经国家文物局立项批复，深圳市大鹏所城整体保护项目二期工程对其进行修复。

　　古庙的梁架结构已被破坏，梁架上檩条排列较密，瓦片直接堆置其上。屋顶作硬山式，板瓦屋面。为了改善室内的采光条件，屋面沟瓦用明瓦代替。

　　深港各地举行侯王诞的庆典活动日期：下沙陈侯诞，四月初一；大鹏侯王诞，十二月初八；元朗侯王诞，正月；沙田、九龙是六月十六；大澳是六月初六；东涌是八月十八。侯王诞庆典的地区差异，反映该神为深港人民广泛认同，有深厚的群众基础，若结合风俗旅游，将收到良好的经济和社会效益。

4. 关帝庙

位于大鹏所城北门正南，邻近火药局，位于原鹏城小学内，也称太公庙，规模超过侯王庙，早已倾圮。三开两进，庙前有10余级台阶，庙内有铜质关公大刀，有兵器架。关帝在岭南既被看作是海神，也被看作是财神，保护海上活动平安和财富安全。大鹏所城为海防前哨、航海要冲，关帝为商、民、军界崇拜，关帝庙香火旺盛。

5. 华光庙

位于城内东北方，现已改为民居。原祭道教神仙马王，或称马天君、华光大帝等，属火神之列。农历九月二十八是华光帝诞辰，粤剧戏班有祭祖师的活动。大鹏所城过去常有演戏，华光帝常在戏中出现，成为当地崇拜的神祇。

6. 伯公庙

伯公，是管理土地的神祇，又称"土地公""社神""句龙""福德""幽都""社官爷""后土"等，简称"土地"。大鹏人一直视土地伯公为一个主要的传统俗神崇拜对象。除了初一、十五在家宅和村边树头五方五土燃香纸烛外，还在每年农历二月初二伯公神诞日举行"伯公会节"。康熙《新安县志》的《事典·祀典》记载中，县长官率属，穿礼服净身，祭祀山川、社稷和土地祠。民间则"乡人烹豚（猪）醹（斟）酒，祭社神，以祈有年"，对土地爷进行虔诚祭祀。伯公庙现已拆毁。不过，对土地神的崇拜，反映了大鹏人对土地的依赖，也是一种乡愁情结所在，大有发掘、保护、利用之必要。

7. 谭大仙庙（谭公庙）

谭大仙庙又称谭公庙，在鹏城村有两处。一处位于大鹏所城南门外的龙头山西麓，占地20平方米左右，相传最早建于明隆庆年间。深圳和香港地区有许多座谭大仙庙，供奉的神叫谭大仙或谭公，其职司一般是旱天求雨，类似于我国民间信仰中的风伯雨师、赤松子一类的神仙。但是大鹏的谭大仙庙里供奉的谭公，却是明朝末年生活在这里的一个真实的人。据《新安县志》所载和民间传说，隆庆五年（1571），倭寇袭击大鹏所城。时值冬夜，村民正在梦中。倭寇从较场尾海滩悄悄登陆，扛着云梯等器械准备偷袭。这情景恰巧被一位姓谭的老者看到，他即让"舍人"康寿柏去通知村民。当倭寇"具云梯泊城登阵"时，康寿柏与大鹏所城军民"手刃之，即碎其梯"。经过"四十余日"的浴血鏖战，终于击退了倭寇的猖狂进攻，并将之逐出大鹏湾。但在护城战事中，谭公不幸而殁。为了铭记谭公的功德，当地百姓建了这座"谭公庙"。

现谭大仙庙为潮汕式建筑，门前有"八宝炉"，门楣镌"谭大仙"漆金阴文，门面墙头左绘虬龙绕柱壁画，右雕"福禄寿"三仙塑像。厅置神坛、香案，正中供谭公像，上方悬挂一块大红幡，书"谭大仙殿"，其上则明镜高悬，两侧以"八仙过海"为伴。两旁有对联两副曰：

谭恩浩荡常流海，厚德巍峨独配天。

迹著龙峰昭万古，恩流鹏海播千秋。

谭公塑像前的祭台右侧有一大铜钟，高约1米，直径约1米，上面分别刻有"谭公仙圣""国泰民安""风调雨顺"等字样。

此庙于"文革"中被毁。1994年，以爱护祖国文物古迹为宗旨，大鹏所城百姓和海外华侨、港澳同胞集资6万多元，在原址按原状重建。

另一处谭大仙庙在鹏城村西部核电公路旁，规模较小，庙内设置与前者相仿，同样受到大鹏人虔诚崇拜。

8. 水神庙

水神庙位于大亚湾海滨，荣荫桥东约 100 米处，原建于明嘉靖年间，现为近年新建。此庙占地面积约 20 平方米，背倚青山，面朝碧海，琉璃绿瓦，飞檐斗拱，橡桷流丹，景致优美，纯然古寺庙建筑特色。庙前有一高 2 米的"宝壁"，壁右有一"宝炉"。庙前有一对联云："恺泽长流思其源饮其水，恩波广披过者化存者神。"

庙分两进。第一进较小，神台上供一洪圣仙君坐像，乃为"洪圣仙公"；上挂一锦织长幅，书有"神恩普照"的描金楷字；旁有铜钟，上书"国泰民安""风调雨顺""洪圣宫""水仙娘娘"等字样。

第二进为主体建筑，比前者高近 2 米，也阔大数倍。厅堂的神坛上置有"七宿灯"7 盏，铜制品，小巧玲珑；并有香炉 3 个，一铜二陶。神坛两端各蹲一陶瓷狮子头像。里面临壁神台上，供着一大一小的水仙娘娘塑像 2 个——大者曰"坐圣"，小者曰"行圣"。像两侧对联云："尺鲤呈祥鸣圣德，杯茶化雨沐神恩。"像上端悬一锦旗，旗中书"水仙娘娘"金字，四周则有"八仙过海"绣像。

相传在明朝嘉靖某年五月，风雨大作，"潦潮大溢"，围堤决口，海水吞没了大鹏所城大片田庄，一部分民房也被潮水冲得摇摇欲坠。百姓叫苦不迭，遂聚集于龙头山坡上，面海跪拜，祈求龙王开恩，"吸"去海潮。突然，一阵电闪雷鸣过后，在波涛万顷的海面上空，出现一位白衣仙姑和一位金甲神灵（前者被称为"水仙娘娘"，后者被称为"洪圣仙君"），驾云朝大鹏所城方向飘然而至，施法退去了海潮，解救了百姓。为感谢这两位神仙，当地百姓便在龙头山麓建了一座"水神庙"，以供四时拜祭。

水神庙规模虽小，但所奉祀的实为海神，其中洪圣仙君即为南海神，与广州南海神庙供奉的神祇一样，反映了大鹏人祈求海上平安、海上贸易兴旺的淳朴愿望，正是海洋文化风格。而小庙建筑之精巧，环境之清幽，传说之神奇，不失为一胜迹。只是这座古庙在"文革"期间被夷为平地。1990年秋天，大鹏所城百姓和侨居海外的乡亲集资数万元在原址依原规模、状貌重建，这座具有古色古香神韵的庙宇又重现在大鹏湾畔，成为当地人崇拜活动、海洋文化旅游的重要地点。

9. 东山寺

东山寺位于大鹏所城东门外的龙头山南侧山腰，俯瞰大亚湾，背山面海，始建于明洪武二十七年（1394），是传承中国禅宗"东山法门"的岭南名刹。据康熙《新安县志》载："东山寺，在大鹏所东门外山岭。中为观音堂，左上帝殿，右文昌阁，前三宝殿。"相传南宋著名堪舆学家赖布衣云游岭南，沿罗浮山脉南来，路经大鹏湾龙头山，发现该地有紫霞光，便告诉当地村民，此乃福地，当建梵刹，以播祥瑞，东山寺由此而建。

现在的东山寺周围风景绮丽，钟灵毓秀，可闻蝉音鸟鸣，可眺碧海渔舟。明朝岭南名士王德昌曾赋七律《大鹏东山寺》曰："不到东山二十秋，西风藜杖又重游。烟霞有约山如在，岁月无私人白头。檐下花飞深院静，菩提树荫古坛幽。丹梯欲上应长啸，遥望汪洋天际浮。"清末民初的文人墨客亦赋诗《东山寺十二景观》云："古刹东山寺，鹏城远不离。门前青草地，庭内白莲池。毛狼居北厥，老虎坐南屿。文笔三山架，武营五色旗。龙头弄石卵，蜈公吐宝珠。烟台放烽火，雁鹅插翼飞。"其山川形胜、风光之美，尽在诗中。

东山寺为混凝土结构建筑，清水石外墙，黄色琉璃瓦屋檐，依山势从低到高分成四进，前后进之间有天井隔开。第一进前门，门前有十一级石阶，东侧禅房和客厅，西侧厨房。第二进"关帝殿"，供奉关帝神像，右为玄坛，后为韦陀塑像、铜钟和大鼓等。第三进"大雄宝殿"，设三宝佛和十八罗汉，右为"医灵殿"。第四进"观音堂"等。寺内增建"黄大仙殿"。寺院墙壁镶嵌福建彩画180幅，寺外新建凉亭、水榭假山和花苑，周围新种桃李、枇杷、沙田柚、龙眼和荔枝等果树。

东山古寺自清咸丰以来，经多次重建，最近一次是在2009年，占地5000平方米，功能齐全，布局精巧，是岭南规模最大、规格最高的佛道庙宇之一，声名远播。而建于咸丰四年（1854）的东山寺石牌坊，早在1984年9月就被深圳市人民政府公布为深圳市文物保护单位。

东山寺也是革命根据地。1944年7月，东江纵队领导人曾生、王作尧、尹林平和赖仲元等在东山寺创办"东江抗日军政干部学校"（后改为"中国人民抗日军政大学第七分校"），培养了一大批抗日军政干部。只是从20世纪50年代开始，东山古寺遭到毁灭性破坏，成为一片废墟。

1992年初，当地村民及华侨自发捐款百余万元，重建东山寺。2012年9月至2014年元旦，东山寺大

东山寺全景

雄宝殿再次进行扩建，包括左方的伽蓝殿和钟楼，右方的祖师殿和鼓楼。钟楼内的万斤铜钟在台湾铸造，刻有般若波罗蜜多心经及大悲咒。

重建后的东山寺为混凝土结构建筑，清水石外墙，黄色琉璃瓦屋檐，依山势从低到高分成四进，前后进之间有天井隔开。整体布局高低错落，更显得巍峨壮观。

每年的农历四月初八释迦牟尼圣诞日，东山寺都举行大型法会，活动从早上5时持续至上午10时，包括祈福、斋天、浴佛、供佛等环节，是大鹏及周边地区重大宗教活动之一。东山寺还在每年的农历七月十五举行盂兰盆节瑜伽焰口施食法会，于农历九月十九（观音菩萨出家日）举行祈福斋天活动。此外，作为大鹏旅游文化长期发展项目，近年以大鹏所城旅游区东山寺为主要场地的中秋水灯祈福法会已成为广受大众欢迎的祈福活动。每年中秋佳节之夜，近千名信众、游客集聚东山寺，跟随法师诵经，领取吉灯，再步行至海滩，许愿放灯，呈现一片祥和、欢乐的景象，已成为当地的一个旅游保留项目。

东山寺供奉佛、道两教神祇，各占有自己的空间，接受信众崇拜，和而不同，共存共生，反映了大鹏人包容、和谐的海洋文化风格。这在当今更有利于建设和谐社会，应充分注意和利用这种文化资源，为当地精神文明建设和发展宗教旅游业服务。

四、将军府第

大鹏所城较完整地保存了明清及民国时期的不同建筑群，被列为各级重点文物建筑的有 20 多处，其中数量最多的就是明清两代的将军府第。

1. 赖恩爵将军第

赖恩爵将军第位于大鹏所城赖府巷 15 号，建于清道光二十四年（1844），为道光皇帝御赐的"诰封第"。赖恩爵，字简廷，清朝抗英名将，战功卓著，威扬四方，官至广东水师提督，封振威将军，从一品。赖恩爵作为林则徐的副将，成功指挥了九龙海战。该战是中国近代抗英战争取得胜利的第一仗，它吹响了中国近代史上反帝反侵略的号角，揭开了中国近代史的序幕。

该将军第为坐北朝南的轴对称建筑群，占地面积2500平方米，平面布局分东西两院，为三进三开间八天井结构，大小厅房45间，外围是一丈有余的青砖高墙，气势雄伟。整个建筑皆采用砖木结构，雕梁画栋，檐板、梁枋等装饰着金木雕刻，无论人物故事还是花鸟草木，皆栩栩如生，精美绝伦。总体特征为青麻石墙基，上砌青砖；红砖地、石柱础、木梁架；阴阳瓦屋面、硬山顶、博古脊，是大鹏所城内最宏伟的，也是保存最好的道光至民国时期府第式建筑，为广东省珍贵的大型古建筑。

大门开在东南侧，门首横匾"振威将军第"，为道光皇帝御笔亲题。门口有一对抱鼓石，门侧悬挂清道光二十四年（1844）御赐对联"秀一鹏山开泰运，重班凤阙迓鸿庥"，足见其深受清朝廷重视，皇恩泽被。两个士兵的塑像威武地守卫在门旁。

2015年，经国家文物局立项批复，深圳市大鹏所城整体保护项目二期工程开工，对赖恩爵将军第进行修缮。

赖恩爵将军的书房"怡文楼"位于大鹏所城赖府巷10号，建于清道光二十六年（1846）。坐东朝西，面宽23.6米，进深15.3米，面积360平方米，为砖木结构，有二层，两进三开间，中设天井，两侧各为一厅二间式格局。地面铺大阶砖，墙基为青麻石，上砌青砖，堆瓦屋面，硬山顶，船形脊。怡文楼曾作为赖氏家族乃至全城儿童读书的书室。1949年后，又作为公社粮仓。2003年复建。

2. 西门赖绍贤将军第

位于大鹏所城西门内，在十字街西段将军第巷11号，即西门赖恩爵副将府。始建于清道光年间，为赖恩爵九龙海战后提升副将后所建，后分与长子赖绍贤居住。正面为清朝传统风貌，门首横额上楷书"将军第"三字，砖木结构，清水砖墙，阴阳瓦屋面，硬山顶。檐板、梁枋、隔扇上饰以金木雕刻和绘制的花鸟书法等，基本保存完整。2008年，深圳市大鹏所城整体保护项目一期工程对其后堂进行维修。

现存建筑为 3 座并列的天井院落，坐东朝西，面宽 30 米，进深 20 米，占地面积有 600 平方米，规模仅次于其父赖恩爵的振威将军第。整体建筑平面布局为三座九开间，是由北座、中座、南座及 3 个天井院落共同组成的一个大的建筑群。每座均为两进一天井，北座和中座建筑均由门厅、正房和两侧厢房围合而成，呈以纵轴为中心的左右对称格局。而南座建筑由于厢房成单，构成了不对称的天井院。其中，北座建筑的正房为三开间，平面呈"凹"字形，其余两座建筑的正房平面均呈"一"字形。但中座建筑为三开间。南座建筑开间成偶数，为两间。因建筑朝向与所处地区的夏季风向相反，为了取得更多的凉风，解决潮热问题，北座建筑的正房前墙全做成隔扇，与院内的天井形成敞开、通透的格局。而另两座建筑的正房则在门扇上方做漏窗，以取得通风透气的效果。同时受伦理思想制约，又在门厅内设置木隔扇，用于隔绝外界视线。这种格局布置既与本地民居建筑常规的基本布局安排相吻合，也完全可以满足家庭的生活需要。

3. 刘起龙将军第

刘起龙，字振升，号云齐。官至福建水师提督，封振威将军，从一品。嘉庆《新安县志》记载："刘起龙，大鹏所城人，行伍，任崖州营参将。"清光绪史澄《广州府志》载，刘起龙于道光六年（1826）十月二十九日由福建南澳镇总兵升福建水师提督。其将军第位于大鹏所城南门街中段 35 号，始建于清嘉庆至道光年间。坐北朝南，东墙长 18 米，西墙长 30 米，东西深 31 米，占地面积约 660 平方米。其建筑细部雕饰精美，特点为青麻石墙基、清水砖墙、红砖地，墙体为三合土夯筑，墙基为石脚青砖结构，石柱础、木梁架等。屋顶结构为硬山顶，中有灰脊，檐板雕刻花鸟草木、人物故事等题材画。大门据本地风水开在东南侧，门口保存有一对抱鼓石，门首横额石匾题"将军第"三个楷书大字，门上贴有红纸对联曰："禄阁家声远，彭城世泽长。"屋面瓦当、灰塑等，基本为晚清民国时期的原物，是典型的府第式四合院建筑群。1984 年，深圳市人民政府将刘起龙将军第公布为第二批市级重点文物保护单位。2008 年，深圳市大鹏所城整体保护项目一期工程对其进行修缮，现整体布局如旧，保存完好。

该将军第为坐北朝南的非轴对称建筑群。平面布局呈不规则梯形，为侧门内进结构，当心间为住宅，三进三间，前有长廊和哨楼，内有一口水井。当心间与后院有门相通，现存东座、中座、西座、南座4座建筑，北边由东、中、西3座三进二厅一天井六厢房合院式建筑组成，南边为南座一厅一天井六厢房三合院带后花园。整个建筑群由北向南依次降低，均为砖木结构。进入大门后为一个尺度十分紧凑的前庭，前庭上布置有两门和哨楼。从平面图中看到，前庭的北侧即为主要的建筑空间，在东西轴线上依次布置东座、中座、西座3座天井院落。其中，中座、东座建筑是以南北轴线为中心的左右对称格局，均由前厅、后厅和两侧厢房围合而成，前厅、后厅各开间三间，平面呈"一"字形。而西座建筑则前后厅对称，各开间一间，厢房布置在左侧，形成了不对称的天井院。南座建筑位于建筑群的西南侧，与西座建筑错对，庭院内布置盆景、花草，是一组既有对称物又有不对称物的院落。这4个院落的构成机制，在平面图中明显地呈现出两种不同的格局：一种是有规则的串联，另一种则是变形构成状态。

4. 赖英扬将军第

赖英扬，字虎臣，号云台，为赖世超的长子，赖恩爵将军之父。官至浙江定海镇总兵，诰封武显将军，晋封振威将军，御赐红顶花翎，从一品。道光二十一年（1841），道光皇帝赐封"振威将军第"。该将军第位于大鹏所城北部，正街 6 号，始建于清朝，具体年代不详。2008 年，深圳市大鹏所城整体保护项目一期工程对该将军第进行了修缮。

现存建筑群坐北朝南，占地面积约 100 平方米，主面宽 7.8 米，进深 12.4 米，是将军后代经过了近 200 年改造的结果。正门上方有樟木匾一块，上楷书"振威将军第" 5 个大字，大门屋檐下饰以精致木雕，表现的主题为长寿安康、祈福纳祥、花草纹样等题材。大门内设有屏门，在西侧墙上开口置"门官"神位。之后为小天井院，院内青麻条石横向铺地，地漏置于一侧，便于排水，并种植花草，摆盆景，调节了庭院中的微气候。中厅前墙为木隔扇，上有四神的枋雕等木构件，檐板上刻有雕花人物故事，精细生动，保存十分完好。

该建筑群受地形影响，由北向南依次降低，平面呈长方形，二进二开间一天井式砖石结构，由门厅、大厅、后殿组成。门厅后部作开敞式，内设屏门，既隔开了外部的视线，同时又与天井构成了通透的空间，利于采光、通风、换气。后殿位于第二进院落，供奉着祖宗牌位，是振威将军第的祭祀场所，也是整个建筑群的重要建筑。

"振威将军第"在纵深串联的二进院布局中，为了顺应地形、地势的需要，为追求建筑空间的活跃变化，在第二进院落中有意做了主轴线的移位处理，向东平移少许，突出了其在整座建筑中的地位。

5. 郑氏司马第

郑才利，官至同知。明清时期同知为正五品文职官员，雅称"司马"，在同知署任职，为乡镇父母官。同知府邸亦称"司马第"。

郑才利太公的胞兄弟郑胜发，大鹏乌涌人，行伍出身，历官南澳镇左营游击，后奉召进京担任侍卫、统领，为一员武将。现存郑氏侍卫府位于大鹏所城乌涌，残存的院落较小，但郑氏家族在大鹏颇有影响力。

郑氏司马第位于大鹏所城西门正街 8 号，为清朝晚期郑才利所建。坐北朝南，面宽 7.1 米，进深 19.3 米，面积为 140 平方米，砖木结构，平面布局分左右两部分，左边为一层瓦坡屋顶，三开间，两进一天井；右边为一开间，两进一天井。建筑特征为条石基，青砖墙，堆瓦顶。

6. 西门赖氏将军第

位于大鹏所城十字街 40 号，建于清朝。坐北朝南，面宽 13.9 米，进深 16.7 米，面积 230 平方米，平面布局为两进三开间，中设天井，建筑特征为清水砖墙，硬山顶。门口保存有一对抱鼓石，门首横额匾"将军第"，屋内有穿柱造木梁架。2008 年深圳市大鹏所城整体保护项目一期工程对其后堂进行维修，原装木梁架已更新。

7. 赖世超将军第

赖世超，道光十年（1830）任闽粤武举考官，诰封武义都尉，官至广东琼州镇总兵，封武功将军，正二品。

赖世超将军第又称"赖氏祖屋"，位于大鹏所城赖府巷 16 号，建于清道光初年。坐东朝西，面宽 11 米，进深 12.5 米，占地面积为 140 平方米，平面布局为三开间三进两天井，砖木结构，堆瓦屋面，硬山顶，灰塑博古脊，陶质勾头滴水，简约古朴，为清中期府第式建筑。据调查，正门门额上原挂有"将军第"牌匾，两侧挂有"武艺超群须急运，功求不露显灵通"的木质对联。今已不存。2008 年，深圳市大鹏所城整体保护项目一期工程对其进行了修缮。

8. 何文朴将军第

何文朴，清末大鹏协副将。据当地《不可移动文物名录》记载："1996年，大鹏所城博物馆建立之初，工作人员走访乡邻收集文物。现在大鹏所城博物馆内展藏的一件清朝末年的特殊行李箱，就是当时收集的。这个行李箱呈方形，箱体上隆起一个令人称怪的三角锥。当时，阿良（赖继良，是赖恩爵的第五世孙）在东门的何家老宅中初见此物，只觉新奇不明其所用，后翻阅资料才知那是清朝的官帽箱，隆起的三角锥是为了妥善放置官帽而设。官帽箱被发现后，何家后人才知道原来祖辈何文朴是晚清大鹏所城的最后一任'协台'。"何文朴将军第位于大鹏所城东门街14号，建于清光绪年间，坐北朝南，面宽10.2米，进深12米，占地面积约120平方米，平面布局为三开间二进一天井，砖木结构。建筑特征为条石基，青砖墙，木架构，堆瓦顶。2008年，深圳市大鹏所城整体保护项目一期工程对其进行了修缮。

9. 赖信扬将军第

赖信扬，官至福建厦门水师提督，封建威将军，正一品。赖信扬将军第位于大鹏所城赖府巷12号，建于清朝中期。坐东朝西，面宽12米，进深19米，建筑占地面积有 230 平方米，平面布局为三开间三进两天井，砖木结构，堆瓦屋面，勾头滴水瓦剪边，硬山顶。前堂作为民宅业主自用，其他部分除后堂外基本被拆改，整体风貌遭破坏。2008 年，深圳市大鹏所城整体保护项目一期工程对其后堂进行维修；2015年，经国家文物局立项批复，深圳市大鹏所城整体保护项目二期工程对其余部分进行修复。

10. 赖恩锡将军第

赖恩锡将军是赖世超将军的孙子，赖信扬将军的第六子。咸丰六年（1856），任福建晋江镇镇台，晋封武功将军，御赐蓝顶花翎，从二品。

赖恩锡将军第位于大鹏所城南门街 8 号，建于清朝中期。现存建筑坐东朝西，面宽 12.5 米，进深 10米，面积约 120 平方米，平面布局为三开间二进，砖木结构，堆瓦屋面，硬山顶。正门檐口雕花檐板，门廊墙楣有简单壁画。2008 年，深圳市大鹏所城整体保护项目一期工程对其后堂进行维修。

11. 林仕英大夫第

林仕英，广东平海人，将门之后。于乾隆十八年（1753）任大鹏营千总，举家迁入大鹏所城。后晋封广海守府、澄海都府、海安游府，诰封武翼大夫，赐蓝顶花翎，从三品。其祖父林必胜被晋封武功将军，赐蓝顶花翎，从二品。

林仕英大夫第位于大鹏所城戴屋巷 13 号，建于清乾隆年间。坐北朝南，面宽 6.3 米，进深 18.6 米，占地面积约 117 平方米，平面布局为二开间二进一天井，侧门内进，砖木结构。门首横额木匾刻有"大夫第"，大鹏所城林氏家谱延传至今。建筑特征为条石基，青砖墙，木构架，堆瓦顶。2008 年，深圳市大鹏所城整体保护项目一期工程对其进行维修。

12. 李氏将军第

李氏将军第建于清朝，位于大鹏所城东城巷 7 号。坐北朝南，面宽 7.3 米，进深 19.4 米，占地面积约 140 平方米，平面布局为三开间两进一天井，侧门内进，砖木结构。建筑特征为条石基，青砖墙，木构架，堆瓦顶。据调查，门首原挂有"将军第"牌匾，现已无存。2008 年，深圳市大鹏所城整体保护项目一期工程对其进行维修。

以上所城将军第都是当地特色建筑，它们充分展现了与岭南环境相协调、和谐的文化品格，内部分工明确、结构精巧，细节极富地方特色，堪为建筑精品，具有很高的艺术价值和审美情趣，是不可多得的清朝建筑精华。不仅在岭南沿海，即使在整个岭南地区，也是数一数二的建筑文化遗产，可供文物保护、研究、参观和鉴赏、旅游开发等使用，是大鹏所城的一张文化名片，甚有开发价值。

五、明清民居建筑

大鹏所城作为沿海的海防重镇，不仅有众多的城防建筑，而且这里的民居建筑自建城起就已成为其不可割裂的一部分，并与城防建筑有机结合在一起，形成了大鹏所城特有的海防建筑体系和文化。大鹏所城街巷蜿蜒，路路相通，经大鹏正街，转东门街，过将军府第，再到南门街，明清风格的民居比比皆是。或小门小窗小院，青瓦盖顶；或大门大厅大堂，雕梁画栋……虽历经数百年风雨，却风格如故，精致依然。据相关统计，大鹏所城内共有 700 处左右古民居，总面积近 10 万平方米，多为清中、晚期建造。狭窄幽静的青石板小巷深处的这些民居白墙黛瓦、错落有致、古色古香，透着厚重的历史沧桑感，是广东省保护较完整的古民居建筑群。比较典型的有：

1. 梁氏大屋

梁氏大屋位于大鹏所城十字街 38 号，建于清晚期。坐北朝南，面宽 10.6 米，进深 18 米，面积约 190 平方米，平面布局为三开间两进一天井，砖木结构，堆瓦屋顶，为清朝大鹏所城传统民居建筑代表。

2. 戴氏大屋

戴氏大屋位于大鹏所城戴屋巷 6 号，建于清末。坐北朝南，平面布局为三进两天井，砖木结构，占地面积约 300 平方米，为所城典型的民居式建筑，但其大门规格较一般民居高大雄伟。建筑特征有条石墙基，檩架造，堆瓦屋面，地面铺大阶砖。

3. 罗氏民宅

罗氏民宅位于大鹏所城长巷 10 号，建于清末至民国时期。通面阔 9.6 米，通进深 9 米，占地面积 80 平方米。平面近于正方形，由门廊、耳房及前天井、前堂、天井、两厢房和堂屋组成，为内凹肚斗廊院，砖木结构，硬山顶，堆瓦屋面，灰砂猪嘴筒剪边，正脊为清水脊，垂脊为飞带脊。该民居于民国年间及 1949 年后多次维修，现基本保持清朝原状。

后　记

　　大鹏所城在明清两代抗击葡萄牙、倭寇和英国殖民者的斗争中起过重要的作用，是岭南重要的海防军事要塞，是我国目前保存较为完整的明清海防军事城堡之一。这里有清广东水师提督赖恩爵"振威将军第"、清福建水师提督刘起龙"将军第"、郑氏"司马第"等近十座清朝府第式建筑，城内衙署遗址有参将署、守备署、县丞署等。这些古建筑的规模、格局与整体风貌代表了明清时期岭南地区的建筑风格和水平。

　　六百多年来，这里演绎了无数可歌可泣的英雄故事：康公子守城、九龙海战、东纵抗日……涌现了一批批保家卫国的民族英雄：刘起龙、赖恩爵、戴卓文、赖仲元、刘黑仔……大鹏所城见证了中国古代史向近代史的转折，是研究明清卫所军事制度的重要文物，为研究明清海防及深圳地方史提供了非常宝贵的实物资料。大鹏所城与古代"海上丝绸之路"关系密切,是中国明清两代捍卫国家主权的象征。大鹏所城是粤港两地历史文化的重要纽带,是中国近代历史变迁的重要见证。

作为深圳第一个全国重点文物保护单位,大鹏所城的保护与利用不仅能够促进经济增长,更为重要的则在于其具有厚重的历史文化内涵,对提升城市文化品位、延续深圳城市文脉、填补现代文化名城的文化内涵具有重大的意义。大鹏所城的修复和维护有利于建立以大鹏所城为代表的中国珠江口明清海防联合申报世界文化遗产工作协同机制,打造粤港澳大湾区最具影响力的文化地标,对提升大鹏所城文化旅游区的旅游观光价值、加强东部山海旅游品牌塑造、高质量创建深圳十大特色文化街区具有无可替代的作用。